RESEARCH ON
HYBRID EQUITY INSTRUMENTS OF
NON-FINANCIAL ENTERPRISES

非金融企业混合权益性金融工具研究

中央国债登记结算有限责任公司 ◎ 编著

中国金融出版社

责任编辑：王　君
责任校对：张志文
责任印制：丁淮宾

图书在版编目（CIP）数据

非金融企业混合权益性金融工具研究/中央国债登记结算有限责任公司编著．—北京：中国金融出版社，2020.12
（金融街10号丛书）
ISBN 978-7-5220-0945-2

Ⅰ．①非…　Ⅱ．①中…　Ⅲ．①金融衍生产品—研究　Ⅳ．①F830.95

中国版本图书馆CIP数据核字（2020）第252267号

非金融企业混合权益性金融工具研究
FEIJINRONG QIYE HUNHE QUANYIXING JINRONG GONGJU YANJIU

出版
发行　中国金融出版社
社址　北京市丰台区益泽路2号
市场开发部　（010）66024766，63805472，63439533（传真）
网上书店　http://www.chinafph.com
　　　　　（010）66024766，63372837（传真）
读者服务部　（010）66070833，62568380
邮编　100071
经销　新华书店
印刷　保利达印务有限公司
尺寸　185毫米×260毫米
印张　7
字数　145千
版次　2020年12月第1版
印次　2020年12月第1次印刷
定价　35.00元
ISBN 978-7-5220-0945-2
如出现印装错误本社负责调换　联系电话（010）63263947

编 委 会

编委会主任：水汝庆

编委会副主任：陈刚明　马忠富

编委会委员：柳柏树　张孟军　唐　彬　刘　凡
　　　　　　徐良堆

编写组成员：宗　军　史　祎　陈　森　唐洁珑
　　　　　　张轶龙

序 言

在经济周期波动中,高杠杆率将放大市场的流动性风险和信用风险,加大经济金融体系的脆弱性。非金融企业杠杆率是我国宏观杠杆率的主要推动力,降低非金融企业杠杆率是降低宏观杠杆率、防范化解金融风险的核心内容之一。混合权益性金融工具兼具债权和股权的属性,是企业补充资本的创新型外部手段,可在降低企业杠杆率、维护经济金融稳定中发挥重要作用。大力发展混合权益性金融工具是贯彻落实国家打赢"三大攻坚战"、推动供给侧结构性改革、促进经济高质量发展等重大战略部署的必然要求。

近年来,在多方的共同努力下,我国混合权益性金融工具市场得到了长足发展。产品类型不断丰富,在可转换债券(以下简称可转债)、可交换债券(以下简称可交债)、优先股的基础上,陆续推出了永续债、债转股等创新品种。发行主体不断扩大,可转债的发行主体从上市公司扩大到非上市公司,永续债的发行主体从非金融企业扩大到金融机构,债转股的实施对象从国有企业扩大到民营企业。发行场所不断拓展,可转债的发行场所从沪深交易所拓展到区域股权交易所,永续债的发行场所从银行间市场拓展到交易所市场。发行规模较快增长,截至2019年末,上市公司可转债余额为3775亿元,同比增长98%,可交债余额为2263亿元,同比增长15%,非金融企业永续债余额为2.50万亿元,同比增长105%,上市公司优先股累计募集资金

8860亿元，同比增长10%，市场化债转股投资规模约为1.4万亿元，同比增长125%。

根据国际经验，完善的市场机制建设是混合权益性金融工具功能发挥的重要保障。美国高度市场化的可转债市场为高增长、高风险行业提供了大量资金，为产业转型发展提供了强有力的支持。欧洲完善的永续债信用评级体系、股债认定标准和市场定价机制，促进了永续债市场的快速创新发展。美国较低的优先股发行门槛和简化的注册制发行方式，提高了优先股的市场吸引力，充分发挥了优先股补充资本的功能。美国的聚焦核心企业、墨西哥的清单管理、智利的中央银行参与等债转股机制，大幅提高了债转股对象企业的筛选效率，加快了债转股化解信用风险的速度。

和国际成熟市场相比，我国混合权益性金融工具市场建设仍有较大的改善空间。在制度规范上，各区域股权交易所可转债的监管制度不同，存在相同性质工具、相同类型场所监管标准不统一的问题。在股债认定标准上，永续债利率跳升幅度和实际情况判断主观性较强，优先股公开和私募发行的股债认定标准不同，债转股"对赌协议"的股债认定缺乏标准，各类工具的股债认定标准不够明确，且存有差异，导致在实践中法律、会计、审计各方的争议较大。在交易市场建设上，非上市股权交易场所零星分散，交易流通机制不健全，股权退出渠道不顺畅，严重影响非上市企业使用可转债和债转股的意愿。

遵循"既有约束，又有激励"的原则，完善我国混合权益性金融工具的市场建设。市场建设既要加强约束，提高股权资本的真实性，又要加大激励，提高工具使用的经济可行性。建议统一同类工具、同类场所的监管标准，因企施策，引导不同类型的企业使用不同的工具；基于法律和会计理论，从偿付选择权、偿付顺序和损失吸收等方面对所有工具的股债认定标准进行统一和明确；完善非上市股权定价机制，培育中立、客观、权威的定价估值机构，推动建立全国集中统一的交易平台，提升非上市股权交易活跃度，提高非上市企业应用混合权益性金融工具的积极性；适当降低股权投资风险权重，妥善解决债转股风险权重较高、资本占用较多的问题，在实施机构发债融资环节引入担保机制降低融资成本，加大混合权益性金融工具使用的激励机制。

长期以来，中央国债登记结算有限责任公司（以下简称中央结算公司）作为国家金融基础设施，致力于推动金融高质量发展。近年来，在主管部门的领导下，中央结算公司持续服务和跟踪研究混合权益性金融工具的创新发展。截至2020年9月末，中央结算公司服务的包含永续债、二级资本债在内的各类债券余额超过74万亿元，在支持宏观政策实施、实体经济融资、企业降低杠杆率、商业银行补充资本金等方面发挥了积极作用。为了在专业技术层面有效推动去杠杆、稳金融的落实，中央结算公司融合专业视角和平台优势，从一个特定的角度切入，开展了混合权益性金融工具相关问题研究。在本书编写过程中，我们得到了有关部门的政策指导，得到了工银金融资产投资有限责任公司、建信金融资产投资有限责任公司、天风证券股份有限公司、财富证券有限责任公司、湖南省发展和改革委员会、湖南省证券监督管理局、湖南省股权交易所、湖南省股权登记管理中心、湖南省资产管理公司、湖南华凌钢铁集团有限责任公司等单位的专业付出、大力支持和热忱帮助，在此一并鸣谢。

本书界定了混合权益性金融工具的概念和类型，研究了混合权益性金融工具的适用范围、使用规则、股债认定标准和定价机制，分析了混合权益性金融工具在我国实践中存在的问题，并提出了推动混合权益性金融工具规范发展和广泛应用的政策建议。内容既有理论阐述，又有实务指导；既有每种工具的详细介绍，又有案例解析；既指出了使用中的问题，又提出了解决问题的思路。本书具有较高的理论和实践指导价值，可为混合权益性金融工具的政策制定者、市场参与者、学术研究者提供有益的参考和启发。中央结算公司也希望联合其他力量共同促进混合权益性金融工具的创新发展和功能发挥，助推中国经济实现高质量发展。

2020 年 10 月

目　录

- ◎第一章　绪论 ………………………………………………………………… /1
  - 一、研究背景 ………………………………………………………………… /1
  - 二、研究意义 ………………………………………………………………… /2
  - 三、研究目标 ………………………………………………………………… /3

- ◎第二章　文献综述 …………………………………………………………… /5
  - 一、非金融企业降杠杆研究综述 …………………………………………… /5
  - 二、混合权益性金融工具研究综述 ………………………………………… /8

- ◎第三章　混合权益性金融工具的定义、分类和功能 ……………………… /13
  - 一、混合权益性金融工具的定义 …………………………………………… /13
  - 二、混合权益性金融工具的分类 …………………………………………… /14
  - 三、混合权益性金融工具的功能 …………………………………………… /16

- ◎第四章　混合权益性金融工具的适用范围和使用规则 …………………… /17
  - 一、可转债的适用范围和使用规则 ………………………………………… /17
  - 二、可交债的适用范围和使用规则 ………………………………………… /22
  - 三、永续债的适用范围和使用规则 ………………………………………… /24
  - 四、优先股的适用范围和使用规则 ………………………………………… /25
  - 五、债转股的适用范围和使用规则 ………………………………………… /27
  - 六、各类工具适用范围的比较 ……………………………………………… /29

- ◎第五章　混合权益性金融工具的股债认定标准和定价机制 ……………… /31
  - 一、可转债的股债认定和定价机制 ………………………………………… /31
  - 二、可交债的股债认定和定价机制 ………………………………………… /32
  - 三、永续债的股债认定和定价机制 ………………………………………… /33
  - 四、优先股的股债认定和定价机制 ………………………………………… /36

五、债转股的股债认定和定价机制 ………………………………… /38
　　六、对债转股中"名股实债"的进一步分析 ……………………… /38

◎第六章　我国降杠杆实践和存在的问题 ……………………………… /42
　　一、可转债降杠杆实践和存在的问题 ……………………………… /42
　　二、可交债降杠杆实践和存在的问题 ……………………………… /45
　　三、永续债降杠杆实践和存在的问题 ……………………………… /47
　　四、优先股降杠杆实践和存在的问题 ……………………………… /49
　　五、债转股降杠杆实践和存在的问题 ……………………………… /51
　　六、混合权益工具降杠杆的典型案例和启示 ……………………… /55

◎第七章　混合权益性金融工具的国际经验 …………………………… /61
　　一、境外可转债市场经验 …………………………………………… /61
　　二、境外永续债市场经验 …………………………………………… /64
　　三、境外优先股市场经验 …………………………………………… /66
　　四、境外债转股业务经验 …………………………………………… /69
　　五、相关启示 ………………………………………………………… /72

◎第八章　混合权益性金融工具降杠杆的政策建议 …………………… /76
　　一、完善政策措施的指导思想 ……………………………………… /76
　　二、推动股债认定标准的统一 ……………………………………… /76
　　三、健全非上市股权交易制度 ……………………………………… /80
　　四、发挥债转股的主力军作用 ……………………………………… /81
　　五、鼓励设立省级债转股基金 ……………………………………… /83
　　六、挖掘可转债的降杠杆潜力 ……………………………………… /86
　　七、发挥优先股的合规性优势 ……………………………………… /86
　　八、推动永续债转向"真永续" …………………………………… /87

◎第九章　主要结论 ………………………………………………………… /89

◎附件1 ……………………………………………………………………… /93

◎附件2 ……………………………………………………………………… /95

◎参考文献 ………………………………………………………………… /97

第一章 绪 论

一、研究背景

在经济下行周期背景下,高杠杆率将放大流动性风险和信用风险,增加金融体系脆弱性,可能诱发系统性风险。非金融企业杠杆率是我国宏观杠杆率的主要推动力量,降低非金融企业杠杆率是降低宏观杠杆率、防范化解金融风险的主要内容之一。

(一)企业高杠杆率成为我国潜在重大金融风险之一

为应对金融危机,2008年后全球实施量化宽松货币政策,在宏观上刺激经济增长的同时,微观上引发了企业杠杆率高企。中国非金融企业杠杆率从2008年的95.2%快速上升到2016年末的161.4%。非金融企业杠杆率短期快速攀升成为我国宏观杠杆率高企的主要因素之一。随着中国经济步入"新常态",企业高杠杆率成为金融领域的重大风险之一。

(二)降低企业杠杆率是党中央、国务院的重要工作部署

降低非金融企业杠杆率是"三去一降一补"[①]的主要内容,是习近平总书记根据供给侧结构性改革部署的重要工作之一。为贯彻落实党中央、国务院关于推进供给侧结构性改革、重点做好"三去一降一补"工作的决策部署,2016年10月国务院发布了《关于积极稳妥降低企业杠杆率的意见》。本书研究的首要目的就是积极落实党中央、国务院关于非金融企业降杠杆率的工作部署。

(三)混合权益性金融工具降杠杆率有待进一步提升

为防范化解重大金融风险,2016年国务院发布了《关于积极稳妥降低企业杠杆率的意见》,开启了始于2015年的新一轮降杠杆的序幕。截至2019年6月,我国非金融企业杠杆率降至155.7%,比2017年下降了约6个百分点。虽然降杠杆取得了一定成效,但我国企业杠杆率仍高于其他主要经济体,混合权益性金融工具降杠杆率效果并未达到预期,需进一步研究解决降杠杆过程中的使用问题,提高降杠杆效率。

(四)混合权益性金融工具的相关制度尚不健全

本书梳理了混合权益性金融工具的类型、特征、适用范围、使用规则,深入研究

---

① "三去一降一补"是指去产能、去库存、去杠杆、降成本、补短板。

在使用混合权益性金融工具降低企业杠杆率时存在的股债认定标准不明确、定价机制不完善、股权交易渠道单一、非上市资产交易平台缺乏、社会资本参与不足等问题，分析其原因，以期完善混合权益性金融工具的相关制度规范。

（五）有必要建立中国特色的降杠杆制度框架和政策体系

与其他主要经济体不同，中国非金融企业杠杆率特征和产生原因具有显著的中国特色。中国的大型企业，特别是国有企业杠杆率较高，成为降杠杆的主要对象。除顺周期效应外，股权融资市场发展不足是中国企业杠杆率高企的主要原因之一。因此，中国降低非金融企业杠杆率可以借鉴国际经验，但在制度框架和政策体系构建上要更多考虑中国国情，走具有中国特色的降杠杆之路。

二、研究意义

降低非金融企业杠杆率是当前形势下推进供给侧结构性改革、防范化解金融风险、推动经济高质量发展的必然要求。

（一）降低企业杠杆率是供给侧结构性改革的核心要求

去杠杆作为"三去一降一补"中重要的任务之一，不仅是供给侧结构性改革的核心内容，更肩负维持和促进中国经济持续健康发展的重任。以市场化、法治化方式，通过标本兼治、综合施策积极稳妥降低企业杠杆率，可助力供给侧结构性改革，夯实经济长期持续健康发展的基础。

（二）降低企业杠杆率是防范系统性金融风险的客观需要

防范化解系统性金融风险是决胜全面小康"三大攻坚战"①之一，而快速攀升的非金融企业债务水平和杠杆率是我国重大金融风险源。中国企业的高债务存量已经引起世界范围的高度关注。国际货币基金组织早在2016年就曾对此发出警告："若对此应对不力，中国的企业债务可能会引发一场更大的危机。"与美国、欧洲宏观杠杆率结构不同，我国宏观杠杆率偏高的主要原因是非金融企业杠杆率偏高。因此，平稳推动企业杠杆率，是维持宏观杠杆率稳定和防范化解重大金融风险的主要抓手。

（三）降低企业杠杆率是实现经济高质量发展的必由之路

降低非金融企业杠杆率不仅会对中国经济金融稳定产生重要影响，也会对企业发展理念产生正面影响，促使企业不再走过度扩张、过度负债的老路，而是主动聚焦和做强核心业务。降低非金融企业杠杆率，推动金融与经济的良性互动，有助于中国经济迈向高质量发展。

（四）混合权益性金融工具是企业降杠杆的重要外部力量

降低非金融企业杠杆率有两种方式：一是通过企业自身的内生动力和盈利能力去

---

① "三大攻坚战"是指防范化解重大风险、精准脱贫、污染防治，是2017年习近平总书记在党的十九大报告中首次提出的新表述。

偿还债务或者积累资本，逐渐降低资产负债率；二是通过外部力量，如扩大股本、资产重组、债转股等混合权益性金融工具，将债权转为股权。外部力量是降低企业杠杆率最直接、最高效的方式。

（五）研究混合权益性金融工具可提升降杠杆质量和效率

研究各类混合权益性金融工具的特征、功能、适用范围和使用方法等，有利于找到适合我国国情的降杠杆工具。研究混合权益工具的股债性质认定和定价机制，有利于疏通制约混合权益性金融工具落地实施的基础问题。探索构建具有中国特色的降杠杆总体思路、制度框架和具体措施等，可为有关决策制定提供智力支持，进一步释放混合权益性金融工具在降低企业杠杆率方面的潜力。

三、研究目标

本书的研究目标主要包括以下几点。

（一）完善混合权益性金融工具降杠杆的理论基础

政策建议要建立在坚实的理论基础之上，否则就是"无源之水，无本之木"。本书将进一步完善混合权益性金融工具的理论基础，确定混合权益性金融工具的概念和分类，明确各类工具的特征、功能、适用范围、使用规则和股债认定标准等，进一步夯实混合权益性金融工具降杠杆的理论基础。

（二）破解混合权益性金融工具市场化定价的瓶颈

市场化定价机制不完善是制约市场化、法治化降杠杆率的主要瓶颈。目前混合权益性金融工具中股权、债权的定价都较为困难，主要原因是存在一些体制机制和程序上的制约，本书拟按照国务院第49次常务会议的要求，进一步研究如何从建机制、拓平台、简程序、明责任等方面来解决定价市场化的问题。

（三）借鉴混合权益性金融工具降杠杆的国际经验

本书从降杠杆的宏观背景、发展混合权益性金融工具的原因、使用混合权益性金融工具的范围和方法、完善混合权益性金融工具的定价机制、丰富转股权的交易渠道等方面，研究美国、日本、英国等具有代表性的国家降低企业杠杆率的实践经验。通过归纳和借鉴国际成功经验，本书旨在为我国使用混合权益性金融工具降低企业杠杆率提供有益指导。

（四）分析混合权益性金融工具的使用效果和问题

本书采用历史数据，分析我国混合权益性金融工具发展的基本情况，评价混合权益性金融工具在降低企业杠杆率方面的效果，研究混合权益性金融工具在使用过程中存在的各种问题，并分析产生问题的原因。

（五）为有关政策制定提供智力支持

本书将结合文献研究和调查研究方法。采用文献研究方法研究混合权益性金融工具的有关概念、分类和功能、适用范围和使用规则、股债认定和定价机制等；采用调查研究方法研究混合权益性金融工具在降杠杆中存在的问题和解决方案。结合两种研究方法，提出既有理论支撑，又有实践价值的具体建议，为主管部门制定相关政策提供智力支持。

第二章 文献综述

本书结合研究内容,从非金融企业杠杆率现状、杠杆率高企的原因、降杠杆的方式等方面对现有研究文献进行梳理。

一、非金融企业降杠杆研究综述

2008年国际金融危机以来,我国宏观杠杆率(主要是非金融企业部门杠杆率)上升较快,债务规模迅速膨胀。2015年,我国明确提出推进供给侧结构性改革,"去杠杆"成为"三去一降一补"五大任务之一。经过2016年和2017年两年的努力,我国宏观杠杆率上升趋势得到控制,杠杆率处于全球中等水平(牛慕鸿,2018)。在"去杠杆"过程中,非金融企业的杠杆一直是学术界和实务界关心的议题,相关的研究也有很多。总结起来,与非金融企业杠杆相关的研究大体可分为现状研究、成因研究以及对策研究。

(一)我国非金融企业杠杆的现状

要研究我国非金融企业杠杆的现状,首先需要确定宏观杠杆的统计方法。在宏观研究领域中,杠杆率是衡量宏观经济主体和债务可持续性的重要指标,定义为债务与收入之比。收入在核算方法上等同于国内总收入,故实际计算杠杆率时通常采用各宏观部门债务总额与国内生产总值(GDP)之比确定(李扬等,2015)。就我国非金融企业杠杆的研究而言,比较权威的研究主要有国际清算银行(BIS)发布的相关数据,以及中国社会科学院国家金融与发展实验室(NIFD)发布的相关报告,两个机构均使用债务与收入之比来衡量非金融企业部门的杠杆率。

BIS关于中国非金融企业杠杆率的数据从2006年第一季度开始,以后每一季度进行更新。目前,其数据已更新至2019年第一季度。从BIS的数据来看,我国非金融企业杠杆率最高点出现在2016年第一季度,为162.6%。此后,整个非金融企业的杠杆率有所回落,最低点出现在2018年第四季度,为151.6%。2019年第一季度,杠杆率为154.7%,相比前一期有所回升。整体来看,自"去杠杆"政策实施以来,我国非金融企业杠杆率有所下降。李宏瑾等(2019)对BIS公布的中国非金融企业杠杆率进行了研究,结果显示,BIS曾于2018年12月对统计口径做过调整,调整后的债务数据进一步扣除了地方政府专项债券的数值,相比调整之前,我国非金融企业杠杆率有所下降,但是,整体的杠杆率趋势没有太大变化。李宏瑾等(2019)进一步指出,在测算非金融企业债务数据时,需要与 BIS 做好沟通,同时,我国自身也需做好数据解读与政策解读工作,以避免误判,提升市场对去杠杆的信心和安全感。

NIFD 自 2011 年开始对我国国家资产负债表进行研究,并于 2013 年出版了《中国国家资产负债表 2013》。此后,NIFD 定期公布我国国家资产负债表相关的数据,这其中也包括我国非金融企业的数据。其官网上公布了自 1993 年 12 月以来我国各部门杠杆率的数据,且每季度进行更新。目前,关于我国非金融企业的杠杆率数据已更新至 2019 年第二季度。NIFD 的研究数据显示,我国非金融企业杠杆率在 2017 年第一季度达到峰值 161.4,随后有所下降。总体而言,我国非金融企业杠杆率稳中有降,降杠杆取得初步成效。

一些学者认为,债务与 GDP 之比并不能全面反映一个经济体的杠杆情况,还需要进一步看其资产负债率(许宪春,2017)。就理论而言,债务规模本身是一个存量,而 GDP 是一个流量,简单地以存量比上流量只能反映单位债务的产出效应,而随着长期经济增长的下行,债务与 GDP 之比上升的可能性较大。因此,NFID 还以资产负债率为指标对我国非金融企业杠杆率进行了研究(李扬等,2015)。研究结果显示:首先,我国非金融企业杠杆率在全球金融危机之前有所下降,之后呈现出上升趋势;其次,我国的国有企业和非金融企业在全球金融危机之前杠杆率较低,之后杠杆率逐步升高;再次,我国工业企业的杠杆率自 21 世纪以来稳中有降,说明非金融企业中服务业杠杆率上升较快;最后,21 世纪以来,我国国有企业和工业企业在整个非金融企业中的资产占比是下降的,间接说明我国经济体制改革正在逐步深化。

总体来看,我国非金融企业杠杆率在全球金融危机之前呈现上升趋势,近年来,由于去杠杆政策的推进,债务与 GDP 之比目前已经趋稳,整体杠杆率可以说在可控范围内。

(二)我国非金融企业高杠杆的成因

对于我国非金融企业高杠杆的成因,很多学者都展开了研究,观点非常深刻。综合来看,我国非金融企业高杠杆的成因可以从宏观和微观两方面阐述。

宏观层面包括经济金融周期、经济结构以及经济制度等因素。李扬等(2015)认为,经济金融周期是导致资产负债率上升的重要因素之一。从会计计量来看,企业负债不变,但资产价格显现出较强的顺周期特征。当经济繁荣、企业盈利良好时,各类资产价格趋于上涨;而在经济低迷、企业盈利变差时,资产价格会普遍下降,致使资产负债率快速上升。冯明(2016)认为,我国高储蓄率这一特征是导致高杠杆率的重要原因。在我国,居民把富余资金存在银行,企业获取资金的方式也主要通过银行信贷,即整个社会的经济增长主要通过信贷的方式在推动,银行主导的金融结构使我国宏观杠杆率较高。张斌(2018)认为,GDP 增速放缓和通胀增速边际下降是导致杠杆率提升的重要原因。在金融危机之前,影子银行、高储蓄率这些特征在中国便已存在,其不能解释金融危机之后中国杠杆率快速增加的状况,真实的原因还在于中国的 GDP

增速出现了下降。钟宁桦（2016）认为，中国宏观杠杆率增加是资源配置的问题，他对400万家规模以上工业企业资产负债率进行了分析，发现工业企业资产负债率没有大幅上升，杠杆率真正上升的企业包括一些存续时间长的大型企业、国有企业以及上市公司，而且，国有企业以及一些负利润的"僵尸企业"在金融危机之后获取的债务资金有显著提高。

微观层面因素则包括企业的行业、公司特征以及经营效率等方面。邓伯冰（2014）等采用实证分析的方式检验了货币政策对企业资本结构的影响，研究发现，不同行业的公司杠杆率对货币政策的反应有所差异。强反应行业资本结构调整能力较强，在货币政策出现冲击时更易调整其资产负债率；弱反应行业的资本结构调整相对刚性，在经济下行或货币政策收紧时，其资产负债率不易进行调整。马文超（2012）等检验了企业规模对企业资本结构调整的影响，研究发现：在经济环境良好时，大型企业受到货币政策紧缩的影响较小，小型企业则比较敏感，会下调其资产负债率；在经济环境恶化时，大型企业面对宽松货币政策更易获得贷款。张明等（2013）认为，低产能利用率和低资本回报率是企业杠杆率攀升的主要因素。徐云松（2017）从融资偏好角度出发，认为中国的企业偏好债务融资是企业杠杆率过高的主要原因。文书洋和刘锡良（2018）认为，银行注重抵押品的业务模式导致金融资源更多配置到房地产企业以及其他重资产行业，从而导致中国企业杠杆率调整过慢。

此外，纪敏等（2017）从宏观和微观两方面阐述了我国宏观杠杆率上升的原因，他通过分析发现，宏观层面，高储蓄支撑的投资导向增长模式决定了中国总体上较高水平的杠杆率；微观层面，企业的技术、公司治理等因素直接导致资产收益率下降，且其下降速度超越了企业负债规模下降的速度，进而致使微观企业资产负债率仍出现上升。谭小芬等（2019）利用上市公司数据检验了宏观层面变量和公司层面变量对非金融企业杠杆率的影响，他们认为，宏观层面变量和企业层面变量对企业杠杆率均有影响，同时，宏观层面变量也通过影响企业层面的变量影响企业杠杆率。

（三）我国非金融企业降杠杆的对策

对于我国非金融企业降杠杆的对策，相关的文献给出了许多建议，综合来说，主要集中于两方面：一是利用宏观经济政策为降杠杆创造良好的宏观经济环境；二是改革资源配置的方式，提升企业资源配置的效率，进而降低杠杆率。

在创造良好的宏观经济环境方面，纪敏等（2017）认为，应该合理把握去杠杆和经济结构转型的进程，既要避免快压信贷和投资可能引发的"债务—通缩"风险，也要避免杠杆率上升过快而引发的债务流动性风险和资产泡沫。宏观经济政策需要稳健中性，过松、过紧都不利于发挥市场的作用。李扬等（2015）认为，去杠杆和稳增长在一定程度上存在两难，降低债务的措施可能会导致收入的降低，从而难以达到去杠杆的作用，因此，需要平衡好二者的关系。李宏瑾等（2019）认为，货币政策要精准把握流动性投向，在总量适度的同时发挥结构性货币政策精准滴灌的作用，既要避免"大水漫灌"导致各类企业债务无差别推升，资产泡沫挤压投资回报率，也要防止流动性过紧迫使银行信用收紧，对民营企业造成冲击，从而为宏观经济降杠杆创造良好的流动性环境。

在改革资源配置方式方面，纪敏等（2017）认为，杠杆本身不是问题，杠杆率是关键，我国需要进一步减少政府对资源的直接配置，创造公平竞争的市场环境。此外，要大力发展股权融资，健全投资者保护机制，充分发挥资本市场的作用。谭小芬等（2019）认为，为推动中国国有企业去杠杆，金融层面需要高度重视资本市场的发展，确保直接融资和间接融资结构均衡合理，同时宏观上需要转变经济增长方式，推动经济结构转型，加强监管和完善信息披露制度；微观上需改善公司治理结构，降低政府对企业的干预程度。刘莉亚等（2019）认为，在执行降杠杆政策时，除了考虑国有企业与非国有企业的所有制差异，还要考虑"僵尸企业"与正常企业之间的结构性差异。这种差异的根源可能是地方政府对"僵尸企业"的隐性担保，或是银行的理性选择，针对前者，应逐步减少政府的行政干预，发挥市场在资源配置中的决定性作用；针对后者，则需要着力完善银行管理者的激励与约束机制。

二、混合权益性金融工具研究综述

本书涉及的混合权益性金融工具包括可转债、可交债、永续债、优先股以及债转股，结合研究内容，对这几种工具的相关研究进行梳理。

（一）与可转债相关的研究综述

可转债方面，相关研究涉及发行的影响因素或发行动机、股债性质研究、股债定价研究以及发行的经济后果研究四个方面。

可转债的发行主要是由于信息不对称的存在。Brenan 和 Schwartz（1988）认为，投资者与公司之间的信息不对称使得投资者对公司的风险评估出现误差，可转债给予了投资者在债券与股权之间的选择权，有助于减小投资者因风险评估误差造成的代理成本。Stein（1992）认为，由于存在信息不对称，公司直接发行股权进行融资可能向投资者传递公司股价高估的情况，此时公司倾向于利用可转债来进行间接的股权融资。Jesen 和 Meckling（1976）认为，信息不对称会使得股东和债权人之间产生冲突，股东为获取高收益有进行高风险投资的冲动，若投资成功，则投资人获取大部分收益。可转债则赋予债权人期权，用于分享未来的投资收益，从而缓解了债权人与股东之间的代理成本。

可转债的股债性质主要受到公司特征以及发行条款的影响。杨如彦等（2007）认为，公司特征是决定其所发行可转债股债性质的根本要素。他们对我国 2001 年拟发行可转债的 43 家公司进行了研究，发现公司规模、盈利能力、成长能力、财务杠杆、资金用途等对可转债的股债性质均有所影响，这些因素直接影响了投资者未来转股的可能性。综合来看，这些因素预示着公司未来的发展前景。发展前景越好，投资者转股可能性越高，所发行的可转债的股性也就越强。孟辉等（2002）认为，发行人会通过合同条款表明其对可转债的股债偏好，这些条款包括发行规模、发行方式等基本条款，以及赎回条款、向下修正条款、强制执行条款等选择性条款，这些条款也直接影响投资者未来转股的可能性，即投资者在合同条款规定下，转股可能性越高，则相应可转债的股性越强。

可转债定价的复杂性在于如何将纯债之外的期权性条款纳入定价框架中。魏晓晓（2018）认为，B-S期权定价理论为可转债定价提供了新思路，取得了划时代的重大意义。20世纪70年代后，多种可转债的定价方法开始逐渐发展起来。除了B-S模型，常用的还有为衍生品定价设计的二叉树法、三叉树法和有限差分法，以及蒙特卡洛模拟法。与可转换债券定价相关的研究多集中于金融工程领域，学者们思考如何将现实中更多的不确定性纳入模型之中。黄靖贵等（2008）运用鞅的方法，在可转债定价模型中考虑了合约中的赎回、回售条款，同时也把可转债发行方的信用风险纳入模型中。乔高秀和潘席龙（2013）把可转债的价值分为债权和股权两部分，并采用 Crank-Nicolson 差分方法得到可转债价格的数值解。此外，国内外许多学者也在持续探讨如何完善数学算法以更好解决可转债的定价问题。

在可转债发行对公司的影响方面，有的研究表明发行可转债后公司的业绩并没有得到明显改善，反而呈现出下滑的趋势；有的研究则表明可转债对改善公司业绩还是起到了积极的作用。我国学者张雪芳和刘春杰（2006）选取2002—2004年发行可转换债券的31家公司与同行业同规模的对照组进行对比，研究发现，可转债融资在我国并没有发挥其应有优势。我国学者杨如彦等（2002）的研究表明，发行可转债能够完善公司治理结构，提升公司业绩。刘春等（2012）的研究表明，可转债的发行能够降低第二类代理成本，约束大股东对中小股东的利益侵占行为。

（二）与可交债相关的研究综述

可交债在我国起步时间不长，但在国外已经较为常见。目前，关于可交债的研究主要集中在三个方面：一是可交债的发行动机研究，二是可交债的定价机制研究，三是可交债的经济后果研究。

企业发行可交债主要是基于融资、企业重组以及税收递延等方面的考虑。Myers 和 Majluf（1984）的研究指出，股票市场存在信息不对称，权益融资可能会给投资者发送公司经营欠佳的负面信息，因而公司选择融资方式的最优顺序为首先是留存收益，其次是银行贷款或发行债券，最后是股权融资。投资可交债事实上等同于延后投资股票的时间，有助于投资者有更多机会发现上市公司的真实信息，减少信息不对称。何志翀（2016）分析了浙江世宝、东旭光电、首旅酒店和中珠医疗的案例，发现上市公司的大股东能在保持控制权的同时运用可交债达到减持目的，同时，通过可交债减持也可以突破减持新规的限定。陈帅（2016）认为，可交债为推动国企混合所有制改革创造了新的途径，国有企业上市公司的控股方可凭借国有资产享受低成本融资，同时为上市公司引入战略投资者，顺利完成国有企业的所有制改革。Brad（1993）认为，发行可交债能在一定程度上递延资本利得的所得税，相比于股东在二级市场上减持，通过可交债减持对股价波动的影响较弱，因此可交债在资本市场上具有广阔的发展空间。

可交债的定价原理与可转债的定价原理相似,都是在标准债券的基础上加上期权衍生品的价值,其定价研究主要涉及金融工程领域的模型,很多学者也将其定价与可转债的定价放在一起研究。董奎(2008)通过一个具体的可交债的示例,分别利用二叉树法和蒙特卡洛模拟法对可交债进行定价,研究发现两种定价方法得出的价格非常接近,因此若采用更多期的二叉树或更多的蒙特卡洛模拟将能得出更准确的定价。刘晓红(2009)从可转债的模型出发,分别研究了在有无违约风险的情况下如何对可交债进行定价,并在两种情况下给出了可赎回和可回售条件下的二叉树算法。Mateti 等(2013)在前人研究的基础上制定了以利率、股本和违约率为变量的多元模型,并以可交债的数据进行测试。可交债定价涉及的模型较为专业,在实际中,可引入第三方机构进行专业化的估值定价。

对可交债经济后果的研究主要集中在对股票价格的影响上。叶颖超(2018)运用事件研究法研究了可交债转股对上市公司股价的影响,研究发现可交债进入转股期会对上市公司股价产生一定的负面影响,但相比其他减持方式,其负面影响较小。此外,可交债进入转股期后对上市公司股价的波动率影响不大。

(三) 与永续债相关的研究综述

我国 2013 年开始发行永续债,其发展时间不长,国外则已经有较大程度的发展。从国内外的研究来看,永续债的相关研究集中在发行动机、会计处理和估值定价三个方面。

企业发行永续债主要基于补充资本、规避监管或是美化资产负债表方面的考虑。王志仁(2017)指出,20 世纪 90 年代,由于《巴塞尔协议》对银行资本金提出新的要求,导致银行等金融机构具有强烈补充资本金的愿望,永续债在这一时期得以快速发展。随后,由于《巴塞尔协议》进一步将商业银行的一级资本充足率由 4% 上调到 6%,对混合资本证券补充资本金的行为采取更为严格的监管,永续债的热度才有所下降。方帅(2013)发现,永续债是被用来规避监管的一种金融工具,海外发债公司或香港上市公司会设计永续债条款以突破资产负债率的限制。冯俏彬(2014)从风险的角度提出永续中票短期内可以满足企业的融资需求,美化资产负债表,但是一旦外部环境发生变化,极高的利息支出会酿成很大危机。

对永续债会计处理方面的研究主要集中在如何界定永续债的股性和债性,不同学者也给出了不同看法。张继强等(2013)认为,永续债偿付顺序次于普通债务而优于普通股,且其可以延期支付利息或不支付利息,因此应该计入股权。冯俏彬(2014)认为,永续债虽然介于债权与股权之间,但若合同中设置有赎回条款,使得发行人在某个约定的时间按某种价格赎回债券,则永续债也并非永久,其会计确认也有待商榷。周俊(2014)认为,各国会计准则是按照金融工具的实质去划分负债和权益的,如果发行人在未来对于是否偿还本金或者赎回有非常大的决策权,那么该工具可确认为权益,否则就确认为负债。

永续债的估值定价原理与可转债、可交债类似,也是在标准债券的基础上考虑相关的内嵌期权进行定价。吕品和邱远航（2019）分析了我国永续债市场的发展现状，提出永续债的定价主要在于调整其收益率，对应的收益率可使用相似债券的信用债利差加上永续债的品种利差进行确定，品种利差的确定则需应用期权定价模型进行计算。中债金融估值中心有限公司（简称中债估值中心）在估计永续债价格时将其分为商业银行永续债和非金融企业永续债，对于前者，其构建基于 Hull – White 模型的三叉树计算方法，对于后者，其暂时将永续债视为三年期的标准债券进行估值。

（四）与优先股相关的研究综述

优先股在西方国家已经是比较常见的融资方式，我国的优先股也正在发展过程中。目前，结合本书的研究内容，与优先股相关的研究可分为发行动机研究、经济后果研究以及相关的制度设计研究。

优先股的发行主要是基于企业融资和避税的需要。Heinkel 等（1990）认为，企业发行优先股增加自有资本，提高了企业承担负债的能力，也有助于解决因债务导致的投资不足问题。Engel（1999）将在 1993 年至 1996 年发行优先股的公司作为全样本进行实证研究，结果发现在考虑各种交易成本后，在税前扣除股利的优先股预期有 28% 的节税效应。此外，王会敏（2017）研究指出，根据美国联邦所得税制度，公司收到的利息收入作为普通所得，按照常规公司税率征税，但是公司从其他公司获得的股息收入的 70% 不用缴税，即股息收入只有 30% 需要按一般公司税率缴税，这种征税方式有利于获得股息的股票投资，从而使得投资者愿意投资优先股。

对优先股经济后果的研究主要集中在对公司股价的影响方面。Linn 和 Pinegar（2006）实证研究了企业增量发行优先股后对企业已有股价产生怎样的影响，结果发现优先股的增量发行并没有造成企业普通股股价和优先股股价显著下降，这说明企业在确定优先股价格时，没有对其过度高估。Lee 和 Johnson（2009）对公司使用优先股融资后的业绩进行了实证检验，发现公司在发行优先股后的一年内，其业绩表现有所下降，但随后呈现出反转的趋势。

学术界对于如何完善优先股的制度也开展了大量研究。潘林（2012）以美国风险投资合同与创业企业治理为视角，对美国近年来在风险投资合同领域的学术成果做了全面总结，认为美国风险投资合同条款的载体是优先股制度，即私募股权市场的投资协议不是简单的普通股协议，其实际具有鲜明的优先股特征。康杰和张琦（2019）对我国优先股市场进行了分析，并对我国优先股制度提出了相关的建议，其中包括进一步放开优先股发行主体的限制，进一步完善优先股的付息和交易机制，以及稳步放开优先股转换为普通股的限制。

（五）与债转股相关的研究综述

我国自 2016 年提出市场化债转股以来，许多学者对债转股进行了研究，具体可分为债转股的理论基础研究、债转股的效用研究、债转股的风险研究以及债转股的定价研究。

理论基础方面，债转股的实施主要是为了调整企业的资本结构以及完善公司治理。

Modigliani（1958）认为，股权资本成本会随着负债率的上升而发生同向变化，从而抵消负债所带来的收益。因此，企业负债不能无限上升，如果企业负债过高，需采取措施降低企业负债，优化资本结构。Narayanan（1985）指出，为规范企业行为，最大限度地保障债权人的利益，债权人可通过债转股转变为企业股东参与企业管理，改善企业经营状况，从而降低债务违约的风险，类似的制度安排即公司治理结构中所谓的"拜托债权人"。张文魁等（2001）同样关注了债转股企业的治理结构问题，他认为债转股的股权实质上是一种"类债务"，将实际债务转化为"类债务"能够在一定程度上解决国有企业的委托代理难题，有利于将剩余控制权更加合理地分配。

一些学者对债转股的效用进行了研究，认为其确实能起到为企业减负，促进企业改革的作用。James 和 David Gadnne（2000）指出，当企业短期债务难以得到清偿时，债务重组作为对债权债务重新安排的有效方式，可以使目标企业的盈利能力及经营状况得以改善，使债权债务双方的目标一致性得以加强。李志军（2013）指出，债转股可以引入市场化的投资主体，丰富企业股权结构，助力于企业的改革深化。薛贵（2018）认为，从供给侧改革的角度看，市场化债转股对于去除过高的经济杠杆率、盘活企业资产、改善经营状况都有较大的理论意义和实践意义。

与此同时，也有研究认为，债转股虽然能为企业减负，但也存在一定的风险。孙丽和孙玉兰（2016）认为，在市场化债转股实施过程中，有的企业可能为了自身利益而采取粉饰报表的方式隐瞒问题，进而产生道德风险和逆向选择，政府部门或实施机构应防范其不良影响。周万阜（2016）认为，债转股实施后，银行丧失了优先受偿权的保护，如果债转股后的企业经营状况没有好转，最后趋于破产，届时银行将会遭受更大的损失，所以债转股实施机构对转股企业的选择尤为重要。郭树华等（2017）认为，新一轮市场化债转股的难点在于：一是如何处理政府和市场在资源配置中的关系；二是如何完善国有企业的内部治理缺陷；三是如何在退出机制不成熟的情况下保障投资者的利益。

第三章　混合权益性金融工具的定义、分类和功能

混合权益性金融工具起源于 20 世纪 90 年代初发行的信用优先股（Trusted Preferred Stock）。世界上第一只信用优先股由美国 TEXCO 公司于 1993 年 10 月发行，发行人在外成立一家"导管"公司（Conduit Company），其发行的优先股以发行人对"导管"公司发行的次级债和"导管"公司拥有的发行人的股权为信用担保，这种优先股兼具债券和股票两种属性，成为混合权益性金融工具的鼻祖。之后，随着金融产品和工具的不断发展创新，混合权益性金融工具的内涵、类型和功能更为丰富。但现有文献缺乏对混合权益性金融工具的系统性研究。本章旨在从理论上明确混合权益性金融工具的定义、分类和功能，进一步夯实混合权益性金融工具市场发展和功能发挥的理论基础。

一、混合权益性金融工具的定义

目前，对混合权益性金融工具没有明确的定义。现有研究文献中，与混合权益性金融工具相关的概念包括减记债、或有资本、混合融资工具、混合资本工具等，但这些概念并不等同于混合权益性金融工具。

关于减记债的概念。减记债是指在发行时含有减记或者转股条款，在减记或转股的触发条件发生时，可以减记或者转为普通股的混合投资债券。

关于或有资本的概念。或有资本，也称为"或有可转换资本"（CoCo），是指在发行人正常经营时为普通债券，而当监管当局认为发行人无法继续经营时，可被减记或者转换为普通股的资本工具。

关于混合融资工具的概念。混合融资工具是一种介于纯股权融资与纯债务融资之间的融资方式，其风险和收益介于纯股权与纯债权之间。当企业破产时，这类工具的偿付次序排在股权融资之前，但在债务融资之后。

关于混合资本工具的概念。阿克赛尔和帕尔森（2014）在挪威国家工商管理主题年会（FIBE）上针对已经发行的各种混合资本产品提出了一个普遍性的概念，混合资本是由公司发行的混合要求权资本工具，它兼有债和股权属性，通常附有特殊的期权条款。联合信用评级有限公司（2016）认为，混合资本工具是介于普通优先级债务与普通股之间的全部资本工具的统称，主要包括次级债、永续债、优先股

等产品。

我们认为,混合权益性金融工具是指同时涉及债权和股权的金融产品和工具的统称,包括可转债、可交债、永续债、优先股和债转股等。

二、混合权益性金融工具的分类

(一) 可转债

根据《可转换公司债券管理暂行办法》,可转债是指发行人依照法定程序发行、在一定期间内依据约定的条件可以转换成股份的公司债券。

可转债分为分离交易可转债和普通可转债两种类型。分离交易可转债的全称是"认股权和债券分离交易的可转换公司债券",是一种附认股权证的公司债。这种债券的购买者可以按预先规定的条件在公司发行股票时享有优先购买权。分离交易可转债与普通可转债的本质区别在于债券与认股期权可分离交易。普通可转债中债权和股权同时定价、同时交易,分离交易可转债实现了债权和股权的分离,将债权和认股权证两部分分开定价、分开交易,赋予了上市公司一次发行两次融资的机会。受 2008 年股票市场的大幅波动的影响,分离交易可转债发行量逐渐减少,并于 2010 年退出历史舞台,现有的可转债均为普通型。

可转债的发行场所有交易所市场和区域股权市场,发行主体为上市公司和挂牌企业。2017 年之前,可转债的发行主体仅为上市公司,发行场所仅有交易所。2017 年 1 月,国务院发布了《关于规范发展区域性股权市场的通知》,提出区域性股权市场可以发行可转换为股票的公司债券,可转债的发行人扩大至所有上市公司和在地方股权交易中心挂牌的企业。

(二) 可交债

根据《上市公司股东发行可交换公司债券试行规定》,可交债是指上市公司的股东依法发行,在一定期限内依据约定的条件可以交换成该股东所持有的上市公司股份的债券品种。

可交债和其转股标的股份分别属于不同的发行人。一般来说,可交债的发行人为控股母公司,而转股标的的发行人则为上市子公司。在我国,可交债的产生主要是为了解决上市公司大股东和中小股东减持限售解禁股的问题,旨在通过这一手段为"大小非"[1] 提供融资途径,减少对股市的冲击。从存量看,目前可交债存量规模 2345 亿元,存量只数 148 只。其中私募 133 只,存量规模 1423.2 亿元;公募 15 只,存量规模 926.7 亿元。由于私募发行灵活性更高,可交债市场以私募为主。

在此,需要强调的是,可交债实质是上市企业股东以持有的上市企业股份为抵押发行债券的一种行为,其目的是实现限制流通股权的提前变现。可交债虽然属于混合权益性金融工具,但不具有降低企业杠杆率的功能。

---

[1] "大小非"是指非流通股,"大非"一般指公司大股东;"小非"一般指小部分禁止上市流通的股票。

（三）永续债

根据 2019 年财政部和税务总局发布的《关于永续债企业所得税政策问题的公告》，永续债是指经国家发展改革委员会、中国人民银行、中国银行保险监督管理委员会、中国证券监督管理委员会核准，或经中国银行间市场交易商协会注册、中国证券监督管理委员会授权的证券自律组织备案，依照法定程序发行、附赎回（续期）选择权或无明确到期日的债券，包括可续期企业债、可续期公司债、永续债务融资工具（含永续票据）、无固定期限资本债券等。

实践中，永续债种类主要为永续中票和永续公司债。2013 年第一只永续债发行，2015—2016 年永续债快速扩容，之后保持每年较高的发行量。截至 2019 年 8 月末，我国非金融企业永续债累计发行 1258 只，累计发行金额 19155.27 亿元，占全部非金融企业信用类债券的 9.49%（不含资产支持证券）。

（四）优先股

根据《优先股试点管理办法》，优先股是指依照《公司法》，在一般规定的普通种类股份之外，另行规定的其他种类股份，其股份持有人优先于普通股股东分配公司利润和剩余财产，但参与公司决策管理等权利受到限制。

优先股的发行主体为上市公司和非上市公众公司。《优先股试点管理办法》规定，上市公司可以发行优先股，非上市公众公司可以非公开发行优先股。

截至 2019 年 8 月 14 日，沪深两市共有 40 家上市公司发行优先股，累计募集资金 7590.26 亿元。发行优先股的上市公司占全部上市公司的 0.8%。发行主体主要为银行类上市公司，共 30 家，累计发行 5761 亿元，占全部优先股的比例为 93%。

（五）债转股

根据《公司债权转股权登记管理办法》规定，债权转股权是指债权人以其依法享有的对在中国境内设立的有限责任公司或者股份有限公司（以下统称公司）的债权，转为公司股权，增加公司注册资本的行为。

债转股包括银行主导型债转股和政府主导型债转股两类。银行主导型债转股是指，国家允许商业银行持有一定数量的非金融企业股权，商业银行对企业的不良贷款直接转换为商业银行对企业的股权。政府主导型债转股是指，商业银行将不良贷款剥离至政府设立的处置机构［如资产管理公司（AMC）］中，再由处置机构将债权转换为对企业的股权。2016 年的债转股主要是银行主导型，由商业银行设立金融资产投资公司 AIC 进行市场化债转股业务，主要目的是降低非金融企业杠杆率。20 世纪 90 年代的债转股主要是政府主导型，由政府设立 AMC 进行债转股业务，主要目的是化解商业银行的不良贷款。

实践中，债转股业务主要分为"收债转股"和"发股还债"两种形式。"收债转股"的运作机制是 AIC 先将企业的债权收购过来，再将对企业的债权转为对企业的股权；"发股还债"的运作机制是先由企业向 AIC 定向增发股份，企业用增发股份获得的资金偿还债务。截至 2019 年 6 月 30 日，市场化债转股签约金额约 2.4 万亿元，实际到位金额达到 1 万亿元，资金到位率提升到41.7%，涉及资产负债率较高的200多家企业。其中，五大行成立的AIC是债转股的主力，债转股项目金额占债转股整体落地金额的比例超过七成。

三、混合权益性金融工具的功能

根据上述概念和特征，混合权益性金融工具具有降低企业财务压力、降低企业杠杆率、助力中小企业融资、降低信贷市场风险等功能。

（一）降低企业财务压力

发行混合权益性金融产品或者实施债转股，可以降低企业还本付息的压力。从发行成本上看，可转债和可交债赋予投资者可转换股票的看涨期权，因此发行利率通常低于其他信用评级相当的普通债券。从还本压力上看，混合权益性金融工具具有转股性质或者无固定到期日等属性，可大幅降低企业还本的财务压力。

（二）降低企业杠杆率

混合权益性金融工具同时具有债权和股权的性质，要么可以将债权转为股权，要么就是无固定到期日，发行人发行混合权益性金融工具可降低企业杠杆率。从可转债的退出方式看，绝大多数可转债以转股的形式退出。从转股比例来看，转股比例大于99%的占比67.9%，大于90%的占比79.3%。退出时长从7个月至6年不等。50%的可转债在2年内转股退出，62%的可转债在3年内转股退出。据调研，债转股已落地项目帮助投资标的企业平均降低资产负债率15个百分点。

（三）助力中小企业融资

在企业成长的"扩张阶段"，企业融资方式一般会逐渐从债务融资转向股权融资，但是由于公开上市门槛较高，风险投资和天使投资又倾向于高科技企业等原因，一般中小企业的股权融资较为困难。而混合权益性金融工具兼具债权和股权双重性质，赋予投资者转股期权和可续期权，对需要扩大再生产或者需要进行重大转型的中小企业而言，不失为较好的过渡型融资产品。

2017年1月，国务院发布《关于规范发展区域性股权市场的通知》，提出区域性股权市场可以发行可转换为股票的公司债券。2017年5月，中国证监会又发布了《区域性股权市场监督管理试行办法》。在区域性股权市场的监管机制逐渐明朗的环境下，私募可转债以其发行门槛低、不需强制评级等优势，可能逐渐成为中小企业融资的"新宠"。特别是在金融市场监管趋严，银行资金收紧，中小企业融资越来越困难的情况下，可以预见在未来几年中，私募可转债在区域性股权市场融资方式中的占比一定会逐年上升。

（四）降低信贷市场风险

一般而言，企业经营损失时，首先由普通股权吸收，接下来由混合权益性金融工具吸收，最后是普通债务吸收。银行信贷属于普通债务，减记顺序排在混合权益性金融工具之后。因此，发展混合权益性金融工具，有助于提高银行信贷资产安全度，降低信贷市场风险。

第四章　混合权益性金融工具的适用范围和使用规则

根据现有金融工具，混合权益性金融工具分为可转债、可交债、永续债、优先股和债转股等五类，每类工具的适用范围和使用规则各不相同。

一、可转债的适用范围和使用规则

从监管依据上可以看出，可转债监管制度和股票市场监管制度是合并在一起的。可转债可在沪深交易所公开或者非公开发行，也可在区域股权交易所非公开发行，不同发行场所的适用范围和使用规则有所不同。

（一）交易所公开发行可转债

1. 适用范围

公开发行可转债的发行主体只有上市公司，既要满足关于公开发行股票的条件，又要满足公司债发行要求，并报证监会发审委核准。根据证监会《上市公司证券发行管理办法》，发行可转债除要满足股票公开发行的条件外，还需要同时满足以下条件：

（1）近3个会计年度加权平均净资产收益率（ROE）不低于6%，且按照扣非前后孰低原则；

（2）发行后累计公司债券余额不能超过净资产的40%；

（3）净资产低于15亿元的公司需提供担保；

（4）近24个月内曾公开发行证券的，不存在发行当年营业利润比上年下降50%以上的情况；

（5）近3年累计分配利润不少于近3年实现的年均可分配利润的30%。

创业板上市公司可转债发行门槛略低。根据证监会2014年颁布的《创业板上市公司证券发行管理暂行办法》，创业板与主板和中小板相比，不同点在于：

（1）最近2年盈利，净利润按照扣非前后孰低原则；

（2）最近2年按照上市公司章程的规定实施现金分红；

（3）最近一期末资产负债率高于45%，但上市公司非公开发行股票的除外。

2. 使用规则

（1）发行流程。可转债发行首先经过董事会预案、股东大会预告、发审委审核、证监会核准,之后依次为公司发布发行公告、优先配售股权登记日,再过 1 个交易日为优先配售、网上及网下申购日,最后为上市日,如图 4-1 所示。一般而言,从上市预案到上市完成,一般需要 6~10 个月。但是随着行情涨跌与政策变动,该过程时长可能会压缩或延长。

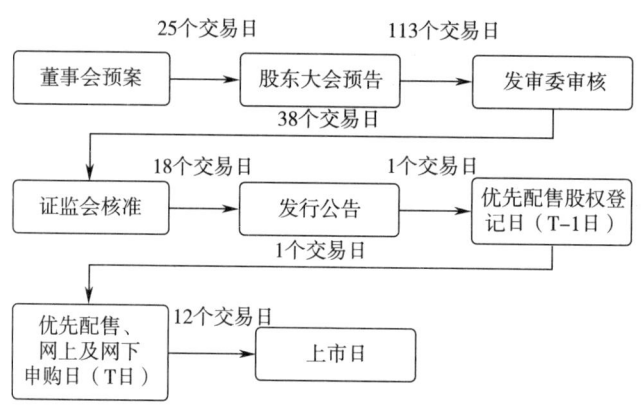

注:各环节所需时间为历史上可转债发行的平均时间。

图 4-1 交易所可转债的发行流程

(2) 上市交易。可转债发行到上市的时间间隔并无明确规定,2017 年以来发行公告日到上市日平均间隔 20 个交易日,但上市公告书应在提前 5 个交易日内披露,2017 年以来上市公告日到上市日一般间隔 2~3 个交易日。

(3) 交易制度。交易方面,不设涨跌幅限制,实行 T+0 全价交易。上市首日集合竞价阶段,深交所可转债最高有效申报价格为 130 元,上交所为 150 元;更为重要的是,上交所的可转债交易设置了盘中临时停牌机制,但深交所并无此规则。大股东减持可转债发行量的 10% 需要公告,且上交所规定减持后 2 日内不能继续减持。

(4) 转股制度。转股方面,T 日买入可转债,当天可转股,T+1 日可卖出,累积转股达到股本的 10% 需要公告。

(5) 赎回制度。上交所和深交所关于赎回、回售的公告要求有所不同,其中满足赎回条件的,上交所要求满足条件下一交易日必须公告是否行使赎回权,而深交所要求行使赎回权时才公告;满足回售条件的,上交所要求满足条件下一个交易日发布公告,而深交所要求满足条件的 5 个交易日内至少发布 3 次公告。此外,转股价格下修要开股东大会并有 2/3 出席股东同意,持有可转债的股东无投票权。

(6) 投资制度。除货币基金和商业银行资金外,保险资金和大多数资金都可以投资可转债。《保险机构投资者股票投资管理暂行办法》(保监会令 2004 年第 12 号)规定,保险机构投资者投资可转债的余额计入企业债券的投资余额,并应当符合《保险资金投资债券暂行办法》(保监发〔2012〕58 号)的相关规定。除了货币基金外,其他类基金基本都可以投资可转债。根据《中国银监会关于上市商业银行在证券交易所参与债券交易试点有关事宜的通知》,在证券交易所参与债券交易试点的上市商业银行不得进行股票类证券交易，以及因市场要素变化可能转为股票类证券的产品（如可转债）的交易。

（7）质押制度。可转债可以进行质押式回购融资，但债项评级 AA＋及以下的新发债无法质押。

（二）交易所非公开发行可转债

中国证监会《关于开展创新创业公司债券试点的指导意见》（证监会公告〔2017〕10 号）规定，非公开发行的创新创业公司债，可以附可转换成股份的条款。附可转换成股份条款的创新创业公司债，应当符合中国证监会相关监管规定。债券持有人行使转股权后，发行人股东人数不得超过 200 人。

2019 年 8 月，上交所、深交所都发布了《非上市公司非公开发行可转换公司债券业务实施办法》，将非公开发行可转换公司债券发行主体范围由创新创业公司扩展至非上市非公众公司。

由于非公开发行，沪深交易所不公开私募可转债的发行数据。据了解，两家交易所的发行量都较少。中国经济网报道数据显示，截至 2019 年 8 月 30 日，沪深交易所累计发行创新创业债券 58 只，融资额 82 亿元。可推算，可转债的发行量更小。

1. 适用范围

所有股份有限公司和有限责任公司。

2. 使用规则

（1）挂牌交易。发行人申请可转债在交易所挂牌转让，除满足非公开发行公司债券挂牌转让条件外，还应当符合下列条件：发行人为股份有限公司；发行人股票未在证券交易所上市；可转债发行前，发行人股东人数不超过 200 人；可转债的存续期限不超过 6 年。

（2）转股期限。可转债自发行结束之日起 6 个月后可以转股，每 3 个月可设置一次转股申报期。

（3）转股价格。发行人应该在募集说明书中明确转股价格、价格确定方式、转股价格调整的原则及方式。因增资、送股、派息、分立及其他原因引起发行人股份变动的，应当同时调整转股价格。

（4）投资者制度。参与认购或交易可转债的投资者应当符合交易所投资者适当性管理相关规定。发行人为全国股转系统挂牌公司的，投资者在申请转股时还应当符合全国股转公司投资者适当性管理相关规定。

（三）地方股权交易可转债

目前，区域性股权市场私募可转债的发行量非常小。根据中国证券业协会对 23 家区域性股权市场的调查问卷统计，截至 2018 年底，23 家市场累计实现可转债融资 880.77 亿元。

1. 适用范围

相较于上市公司发行可转债的条件而言，区域性股权市场发行私募可转债的条件更为宽松，操作简便。各地的区域性股权市场制定的私募可转债业务规则大致相同，但也存在一些差别，其中常见的主要条件包括：

（1）发行主体资格。发行主体为依法设立并有效存续的股份公司或者有限公司，一般要求在区域性股权市场行政辖区范围内注册的企业，发行需要符合区域性、非公开和私募的要求。同时，从法律的角度来说，由于有限公司不存在股票的概念，若发行主体是有限公司，则可转债的传统概念"可转换为公司股票的债券"在此需要调整为"可转换为公司股权的债券"。目前，法律对于有限责任公司发行可转债并无禁止性规定，监管部门对此亦持相对宽容的态度，区域性股权市场在很大程度上参照股份有限公司的规定执行，具有一定创新和"先行先试"的成分。

（2）发行实质性条件

①在区域性股权市场挂牌；

②符合《中华人民共和国公司法》规定的法人治理条件；

③最近一个会计年度的财务会计报告无虚假记载；

④没有处于持续状态的重大违法行为；

⑤已发行的公司债券或者其他债务没有处于持续状态的违约或者迟延支付本息的情形；

⑥募集说明书中有具体的公司债券转换为股票的办法；

⑦非公开发行的发行利率符合国家的有关规定；

⑧发行人对还本付息的资金安排有明确方案；

⑨募集资金用途合法合规，不违反相关禁止性规定。

2. 使用规则

（1）发行的法律依据。2017年1月，国务院办公厅印发《关于规范发展区域性股权市场的通知》，确定了区域性股权市场发行或者转让的证券限于股票、可转换为股票的公司债券以及国务院有关部门按程序认可的其他证券。同年5月，证监会发布《区域性股权市场监督管理试行办法》指出，企业可在区域性股权市场非公开发行可转换为股票的公司债券。

（2）发行的流程。地方股权交易所私募可转债发行实行备案制，发行流程较沪深交易所可转债简单，审批速度较快，从预审到专审，出具备案通知书大约只需一周的时间，如图4-2所示。

（3）投资者制度。私募可转债必须坚持非公开原则，即单只私募可转债的持有人数量累计不得超过200人。参与可转债认购和转让的合格投资者，应具备相应的风险识别和承担能力，如依法经批准设立的金融机构、金融机构依法管理的投资性计划、依法备案的私募基金、净资产符合要求的法人或者其他组织、具备一定金融资产及金融行业从业经验的自然人。对于合格投资者，各地要求的具体条件不同，湖南股权交易所认定的合格投资者标准如表4-1所示。

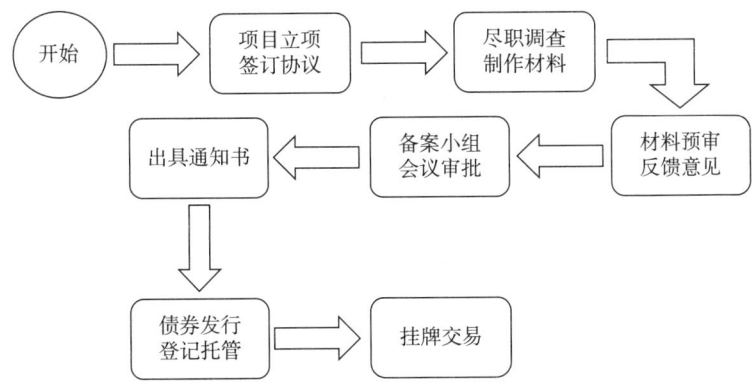

图 4-2 区域性股权交易所可转债发行流程

表 4-1 湖南股权交易所私募可转债合格投资者认定标准

分类	条件
自然人投资者	年龄在 18~65 周岁，具有完全民事行为能力，并具有 2 年以上金融产品投资经历或者 2 年以上金融行业及相关工作经历。
	愿意接受投资风险，签署投资风险揭示书、合格投资者承诺书，且风险承受能力评估得分不低于 60 分。
	在最近 5 日内个人名下各类金融资产总额日均不低于人民币 50 万元，并提供相应的资产证明。
机构投资者	私募基金公司及经有关金融监管部门批准设立的金融机构，包括商业银行、证券公司、基金管理公司、信托公司和保险公司等。
	金融机构面向投资者发行的规模不低于 300 万元的金融产品。
	依法设立且净资产不低于人民币 300 万元的法人机构和合伙企业。
	经湖南股权交易所认可的其他机构投资者。

（4）交易制度。在符合人数限制的前提下，私募可转债可以在区域股权交易所合格投资者之间转让。

（5）转股制度。根据项目实际情况逐单进行定制化设计，债券发行满 3 个月后，投资人可以自行选择继续持有债权或者转为股权，也可以按照约定条款转为股权，具体条款由私募可转债募集说明书确定。

（6）赎回制度。私募可转债可以约定，在发生募集说明书约定的特定事件时，发行人有权在特定时间内，按照约定的条件和价格，将以本次可转债票面面值上浮一定比例的价格向投资者赎回全部未转股的可转债，具体条件可以由双方在发行文件中明确。

（7）投资者保护制度。对债券持有人权利的保护一般体现在偿债计划及保障措施、限制股息分配措施、债券受托管理人安排等中，同时制定债券持有人会议规则，保障债券持有人通过债券持有人会议行使权利的范围、程序和其他重要事项。虽然私募可转债相关规定中没有直接要求必须设置担保措施，但借鉴上市公司发行可转债规定以及保护投资者、降低投资风险的规定，一般要求发行私募可转债需提供担保，总体上降低投资风险。

二、可交债的适用范围和使用规则

可交债适用范围和使用规则的主要依据是证监会发布的《上市公司股东发行可交换公司债券试行规定》。

（一）适用范围

可交债的发行人为持有上市公司股份的有限责任公司或者股份有限公司。根据证监会发布的《上市公司股东发行可交换公司债券试行规定》，发行可交债的主要条件有：

1. 公司最近一期末的净资产额不少于人民币3亿元；
2. 公司最近3个会计年度实现的年均可分配利润不少于公司债券一年的利息；
3. 本次发行后累计公司债券余额不超过最近一期末净资产额的40%；
4. 本次发行债券的金额不超过预备用于交换的股票按募集说明书公告日前20个交易日均价计算的市值的70%，且应当将预备用于交换的股票设定为本次发行的公司债券的担保物；
5. 经资信评级机构评级，债券信用级别良好。

预备用于交换的上市公司股票应当符合下列规定：

1. 该上市公司最近一期末的净资产不低于人民币15亿元，或者最近3个会计年度加权平均净资产收益率平均不低于6%。扣除非经常性损益后的净利润与扣除前的净利润相比，以低者作为加权平均净资产收益率的计算依据；
2. 用于交换的股票在提出发行申请时应当为无限售条件股份，且股东在约定的换股期间转让该部分股票不违反其对上市公司或者其他股东的承诺；
3. 用于交换的股票在本次可交换公司债券发行前，不存在被查封、扣押、冻结等财产权利被限制的情形，也不存在权属争议或者依法不得转让或设定担保的其他情形。

从适用范围上讲，可交债的适用范围较广，发行人可以是上市公司，也可以是非上市公司。

（二）使用规则

1. 法律依据。可交债的发行实行审批制，由沪深交易所预审，证监会审批。发行的法律依据有：证监会发布的《上市公司股东发行可交换公司债券试行规定》、深交所发布的《关于中小企业可交换私募债券试点业务有关事项的通知》、上交所和深交所发布的《可交换公司债券业务实施细则》。

2. 上市交易。公募可交债可申请在沪深交易所上市交易，上市交易的可交债应该满足以下条件：经中国证监会核准并公开发行；债券的期限为一年以上；实际发行额不少于人民币5000万元；申请上市时仍符合法定的可交换债券发行条件。

3. 转股制度。公募可交债自发行结束之日起 12 个月后方可交换为预备交换的股票，债券持有人对交换股票或者不交换股票有选择权，转股价格不低于公告募集说明书日前 20 个交易日公司股票均价和前一个交易日的均价。私募可交债具体换股期限、换股价格以及换股价格调整机制等事项由当事人协商并在募集说明书中进行约定，转股价格不低于发行日前一个交易日可交换股票收盘价的 90% 以及前 20 个交易日收盘价均价的 90%。

4. 修正条款。可交债的发行文件一般包含修正条款，包括上修、下修两种情形，指发行人有权在一定条件下向上或者向下修正换股价。发行人由于按照募集说明书的约定调整或修正换股价格等原因，造成预备用于交换的股票数量少于未偿还可交债全部换股所需股票的，应当在换股价格调整日之前补足预备用于交换的股票，同时就该股票设定担保。

5. 赎回制度。可交债一般含有赎回条款，条款设计的方式多种多样，但一般围绕换股期内价格波动设计。赎回条款是一个保护发行人的条款，比上修条款略弱。赎回条款的触发往往是止盈信号，当市场出现极端上涨时，发行人实施强制赎回，从而对可交债向上的空间构成约束。

（三）可交债和可转债的比较

和可转债相比，可交债是一种债务融资方式，不涉及新股发行，不具有股权融资的功能，因此，也没有降低非金融企业杠杆率的功能。可交债和可转债发行条件对比如表 4-2 所示。

表 4-2 可交债和可转债发行条件对比

工具	公募可交债	私募可交债	可转债
发行人	上市公司股东	上市公司股东	上市公司
审批	证监会审批（公司债通道）	交易所预审，证监会走简易程序	证监会审批（再融资通道）
盈利要求	最近 3 个会计年度实现的年均可分配利润不少于公司债券 1 年的利息	—	最近 3 个会计年度实现的年均可分配利润不少于公司债券 1 年的利息
涉及上市公司	上市公司最近一期末的净资产不低于人民币 15 亿元，或最近 3 个会计年度加权平均 ROE 不低于 6%	上市公司最近一期末的净资产不低于人民币 15 亿元，或者最近 3 个会计年度加权平均 ROE 不低于 6%	最近 3 个会计年度加权平均 ROE 不低于 6%，扣非净利润与扣除前相比，以低者作为加权平均 ROE 的计算依据
债券余额	本次发行后累计公司债券余额不超过最近一期末净资产额的 40%	—	本次发行后累计公司债券余额不超过最近一期末净资产额的 40%
发行人净资产	公司最近一期末的净资产额不少于人民币 3 亿元	—	—

续表

工具	公募可交债	私募可交债	可转债
期限	1~6年	1年以上	1~6年
发行金额	不超过预备用于交换的股票按募集说明书公告日前20个交易日均价计算的市值的70%	质押股票数量应当不少于预备用于交换的股票数量	—
转股价格	不低于公告募集说明书日前20个交易日公司股票均价和前一个交易日的均价	不低于发行日前一个交易日可交换股票收盘价的90%以及前20个交易日收盘价均价的90%	不低于募集说明书公告日前20个交易日该公司股票交易均价和前1个交易日的均价
担保	有，用于交换的股票	有，用于交换的股票	最近一期经审计的净资产不低于人民币15亿元的公司可不担保

三、永续债的适用范围和使用规则

我国没有专门针对非金融企业永续债发行的规范性文件，永续债只是在现有发行文件上做了更加灵活的设计。

（一）适用范围

目前，监管部门对于永续债的发行没有特殊的要求和规定，只要满足债券发行条件的企业都可以发行永续债，银行间市场和交易所市场都可以发行永续债，只要满足债券发行的相关法律法规即可。

（二）使用规则

监管部门对永续债的发行条款没有特殊的要求，发行条款的设计由发行人根据情况自行设计。永续债发行之初，条款设计杂乱，近年来发行量增大，债券条款逐渐成形，基本包括三个方面：发行人赎回权、票面利率调整、利息递延。

1. 发行人赎回权。在附有赎回权的永续债中，会事先约定好一系列可以进行赎回的日期或者条件，根据时间先后顺序可以简单分为首个赎回日和后续赎回日。通常发行日到首个赎回期间为一个期限，国内常见的期限为3+X和5+X（X代表多个重定价周期）模式，合计占比达到97%。后续赎回日的设定有两种形式：一是首个赎回日后的每个付息日都有赎回权；二是周期性赎回日设定，每隔X年的付息日可赎回债券。

2. 票面利率调整。虽然永续债可以长期存续，但延期、续期行为往往会伴有票面利率的重置，通常为较高的利率调整。票面利率重置的方法为"基础利率+上浮基点"，根据基础利率定义的不同，又分为两种设定方式。

一是与当期市场行情相关的浮动式上调。当期票面利率=当期基准利率+初始利差+上浮基点，这种调整方式被广为运用，是永续债票息调整的主流设定。当期基准利率标准通常是中债银行间固定利率国债收益率或 Shibor，初始利差则为票面利率与初始基准利率之间的差值。上浮基点的存在意味着永续债在重置利率日后会有一个利率跳升，并在后续存续期中保持这种高水平的利率。一种常见的上浮基点设定是固定的 300 基点，个别永续债采用了不同的浮动基点，如 200 基点、400 基点等。一般而言，上浮基点设计得越大，对投资者的保护越足，但同时发行人到期赎回的可能性也越大，永续债的债性越强。

二是与当期市场行情无关的固定式上调。当期票面利率 = 前一期票面利率 + 上浮基点。在这种方式下，重置后的票面利率与该永续债存续期间的市场表现无关，上浮基点固定累加，随着不断的延期，重置票面利率也可以达到很高的水平且较浮动累加的方式更加确定，对投资者而言可以说是最有诚意的票面利率调整方式。这种利率调整方式相对较少，但也在增多，以"17 徐州经开 MTN001"为例，其条款规定发行人若不行使赎回权，则票面利率每三年重置一次，将在前一期票面利率的基础上上调 300 基点。

3. 利息递延。我国永续债在利息递延上通常不对递延支付进行时间以及次数的限制，在极端情况下，发行人可以无限推迟利息支付，无须在任何利息支付日支付利息。递延利息会产生孳息，而且利息递延权利的行使是有前提的，限制条件主要有两条：一是若发行人选择递延支付利息，则直至已递延利息及孳息全部清偿完毕，不得向股东分红、减少注册资本或向偿付顺序劣后于该永续债券的证券进行任何形式的偿付；二是若发行人在付息日前一定时间内（国内通常为 1 年）向股东分红、减少注册资本或向偿付顺序劣后于该永续债券的证券进行任何形式的偿付，则发行人应全额支付其已递延的利息及其孳息，且不得继续递延支付。这两个限制条款在我国永续债发行文件中常常相伴出现，但在具体表述上有些差别，比如根据发行人自身所有权属性不同，部分发行人将相关条款变更表述为上缴国企利润。

四、优先股的适用范围和使用规则

目前，优先股的规范性文件主要有国务院发布的《关于开展优先股试点的指导意见》和证监会发布的《优先股试点管理办法》。

（一）适用范围

上市公司可公开或者非公开发行优先股，非上市公众公司可非公开发行优先股。根据国务院发布的《关于开展优先股试点的指导意见》，公开发行优先股的发行人限于证监会规定的上市公司，非公开发行优先股的发行人限于上市公司（含注册地在境内的境外上市公司）和非上市公众公司。证监会发布的《优先股试点管理办法》和国务院的指导意见相同。

上市公司发行优先股应满足的一般条件：（1）最近三个会计年度实现的年均可分配利润应当不少于优先股一年的股息；（2）上市公司最近三年现金分红情况应当符合公司章程及中国证监会的有关监管规定；（3）上市公司报告期不存在重大会计违规

事项。

除上述条件外，上市公司公开发行优先股还应满足以下条件之一：（1）其普通股为上证50指数成分股；（2）以公开发行优先股作为支付手段收购或吸收合并其他上市公司；（3）以减少注册资本为目的回购普通股的，可以公开发行优先股作为支付手段，或者在回购方案实施完毕后，可公开发行不超过回购减资总额的优先股。

非上市公众公司非公开发行优先股应符合下列条件：（1）合法规范经营；（2）公司治理机制健全；（3）依法履行信息披露义务。

表4-3 优先股的适用范围

机构/行业	适用范围
上市银行等金融机构	上市银行一级资本缺口有一定规模，上市银行的再融资压力一直为社会所关注，发行优先股，不仅可以补充一级资本，同时也能够降低股权融资压力。除上市银行外，对上市的非银行类金融机构而言，发行优先股也有助其拓宽权益融资渠道，丰富长期投资品种。
存在并购重组、化解产能过剩需求的传统行业	由于传统行业比如能源、钢铁、地产等在贷款上受到了人民银行的限制，而优先股在资金供应上能够满足兼并重组的需求，从而化解产能过剩问题。
毛利率，资产负债率较高，市净率低，有融资需求的行业	1. 行业毛利率较高，能够负担成本税前7%~10%的优先股股息； 2. 行业负债率较高，债务融资受限，特别是一些资产负债率较高的国有企业； 3. 行业估值较低，市净率低于1或者在1附近，普通股增发较难实施。

（二）使用规则

1. 发行的法律依据。非金融企业发行优先股的规范性文件主要是2013年国务院发布的《关于开展优先股试点的指导意见》和2015年证监会发布的《优先股试点管理办法》。

2. 发行额度。公司已发行的优先股不得超过公司普通股股份总数的50%，且筹资金额不得超过发行前净资产的50%，已回购、转换的优先股不纳入计算。

3. 股息制度。公开发行优先股，公司章程应规定以下事项：采取固定股息率；在有可分配税后利润的情况下必须向优先股股东分配股息；未向优先股股东足额派发股息的差额部分应当累积到下一会计年度；优先股股东按照约定的股息率分配股息后，不再同普通股股东一起参加剩余利润分配。

4. 交易转让。公开发行的优先股可以在证券交易所上市交易。上市公司非公开发行的优先股可以在证券交易所转让，非上市公众公司非公开发行的优先股应在全国中小企业股份转让系统转让，转让范围仅限合格投资者。

5. 投资者制度。非上市公众公司非公开发行的优先股仅向合格投资者发行，每次发行对象不得超过200人，且相同条款优先股的发行对象累计不得超过200人。非公开发行优先股的合格投资者包括：经有关金融监管部门批准设立的金融机构，包括商业银行、证券公司、基金管理公司、信托公司和保险公司等；上述金融机构面向投资者发行的理财产品，包括但不限于银行理财产品、信托产品、基金产品、证券公司资管理产品等；实收资本或实收股本总额不低于人民币 500 万元的企业法人；实缴出资总额不低于人民币 500 万元的合伙企业；合格境外机构投资者（QFII）、人民币合格境外机构投资者（RQFII）、符合国务院相关部门规定的境外战略投资者；除发行人董事、高级管理人员及其配偶以外的，名下各类证券账户、资金账户、资产管理账户的资产总额不低于人民币 500 万元的个人投资者；经中国证监会认可的其他合格投资者。

6. 转股限制。上市公司不得发行可转换为普通股的优先股。

（三）永续债、优先股和普通股的比较

永续债、优先股和普通股的区别如表 4-4 所示。永续债虽然有计入权益资本的可能，可降低企业杠杆率，但是其契约形式仍为债务，持有人完全不参与企业经营决策，索偿权排在优先股之前，发行时需要进行主体和债项评级，利息支付形式在发行文件中明确，到期时需要还本。优先股虽然有计入债务资本的可能，但其契约形式为股权，持有人有部分表决权，索偿权排在永续债之后，发行时不需要评级，股息支付由股东大会确定，没有到期日，不需要还本。普通股是纯粹的权益融资工具，持有人对企业经营决策有完全表决权，索偿权排在永续债、优先股之后，发行时不需要评级，没有到期日，不需要还本。

表 4-4 永续债、优先股和普通股的比较

工具	永续债	优先股	普通股
资本属性	权益/债务资本	权益/债务资本	权益资本
索偿顺序	先于优先股和普通股	先于普通股，次于永续债	次于优先股和永续债
股东权利	无股东权利	表决权受限	有股东权利
融资期限	无明确期限	无期限或者期限很长	无期限
股/利息决定方式	由债务契约决定	约定或者股东大会决定	股东大会决定
支付是否固定	定期、固定付息	定期、固定股利分红	股利分红不定期、不固定
是否偿还本金	需要偿还本金	不需要偿还本金	不需要偿还本金
股/利息来源	税后/税前利润	税后利润	税后利润
是否有评级要求	有评级要求	无评级要求	无评级要求
是否导致破产	可能导致破产	不会导致破产	不会导致破产
受经营影响程度	一般不受影响	有可能受影响	受经营影响较大

五、债转股的适用范围和使用规则

规范债转股适用范围和使用规则的制度文件主要是 2016 年国务院发布的《关于积极稳妥降低企业杠杆率的意见》和《关于市场化银行债权转股权的指导意见》。

（一）适用范围

债转股的适用范围主要为杠杆率较高、出现暂时性经营困难、符合国家产业政策的优质企业。根据 2016 年国务院发布的《关于积极稳妥降低企业杠杆率的意见》和

《关于市场化银行债权转股权的指导意见》，我国实施债转股主要是支持有较好发展前景但遇到暂时困难的优质企业渡过难关，有必要采取市场化债转股等综合措施提升持续健康发展能力的企业。市场化债转股对象企业应当具备以下条件：（1）发展前景较好，具有可行的企业改革计划和脱困安排；（2）主要生产装备、产品、能力符合国家产业发展方向，技术先进，产品有市场，环保和安全生产达标；（3）信用状况较好，无故意违约、转移资产等不良信用记录。

鼓励面向发展前景良好但遇到暂时困难的优质企业开展市场化债转股，包括：因行业周期性波动导致困难但仍有望逆转的企业；因高负债而财务负担过重的成长型企业，特别是战略性新兴产业领域的成长型企业；高负债居于产能过剩行业前列的关键性企业以及关系国家安全的战略性企业。

禁止将下列情形的企业作为市场化债转股对象：扭亏无望、已失去生存发展前景的"僵尸企业"；有恶意逃废债行为的企业；债权债务关系复杂且不明晰的企业；有可能助长过剩产能扩张和增加库存的企业。

表4-5 市场化债转股适用范围

债转股企业	具体要求
应具备的条件	发展前景良好但遇到暂时困难，具有可行的企业改革计划和脱困安排
	主要生产装备、产品、能力符合国家产业发展方向，技术先进，产品有市场，环保和安全生产达标
	信用状况较好，无故意违约、转移资产等不良信用记录
三个鼓励	因行业周期性波动导致困难但仍有望逆转的企业
	因高负债而财务负担过重的成长型企业，特别是战略性新兴产业领域的成长型企业
	高负债居于产能过剩行业前列的关键性企业以及关系国家安全的战略性企业
四个禁止	扭亏无望、已失去生存发展前景的"僵尸企业"
	有恶意逃废债行为的企业
	债权债务关系复杂且不明晰的企业
	有可能助长过剩产能扩张和增加库存的企业

（二）使用规则

1. 实施原则。市场运作，政策引导；遵循法治，防范风险；重在改革，协同推进。

2. 实施前提。要把建立和完善现代企业制度作为开展市场化债转股的前提条件。通过市场化债转股推动企业改组改制，形成股权结构多元、股东行为规范、内部约束有效、运行高效灵活的经营机制，提高企业经营管理水平。

3. 实施方式。除国家另有规定外，银行应通过实施机构将债权转为股权，不得直接将债权转为股权。实施机构包括金融资产管理公司、保险资产管理机构、国有资本投资运营公司等。

4. 定价机制。实施市场化定价机制，银行、企业和实施机构自主协商确定债权转让、转股价格和条件。

5. 资金筹集。债转股所需资金由实施机构充分利用各种市场化方式和渠道筹集。
6. 股权退出。采取多种市场化方式实现股权退出。

六、各类工具适用范围的比较

因每种混合权益性金融工具的特征不同，其制度层面的适用范围和实践中的适用范围有所差异，在此，不仅比较了各种不同工具适用范围的差异，也比较了每类工具制度层面和实践层面适用范围的差异。具有降杠杆功能的四种混合权益性金融工具的适用范围比较如表4-6所示。

表4-6 混合权益性金融工具适用范围比较

工具	制度层面的适用范围	实践层面的适用范围
可转债	1. 交易所公开发行：上市公司； 2. 交易所非公开发行：创新创业公司、非上市非公众公司； 3. 地方股权交易所私募发行：地方挂牌企业。	1. 增发、配股、非公开发行股票较为困难的上市企业； 2. 成长性较好的地方挂牌企业。
永续债	1. 银行间市场：满足债券发行条件的企业； 2. 交易所市场：满足债券发行条件的企业。	1. 需补充资本金的金融机构； 2. 因短期经营困难导致资产负债率高企、其他债务融资受限，但主体评级较好的国有企业。
优先股	1. 公开发行：上市公司； 2. 非公开发行：非上市公众公司。	1. 需要补充一级资本的金融机构； 2. 存在并购重组、化解产能过剩需求的传统行业； 3. 毛利率、资产负债率较高，市净率低，有融资需求的行业。
债转股	1. 发展前景较好，具有可行的企业改革计划和脱困安排； 2. 主要生产装备、产品、能力符合国家产业发展方向，技术先进，产品有市场，环保和安全生产达标； 3. 信用状况较好，无故意违约、转移资产等不良信用记录。	1. 遇到暂时困难、资产负债率高，但发展前景良好的优质企业； 2. 资产负债率较高且关系国家发展战略的重点企业。

（一）可转债的特征和适用范围

从制度层面看，上市公司、创新创业公司、非上市公众公司以及在地方股权交易所挂牌的企业都可以发行可转债。但从实践看，发行可转债的企业以增发、配股、非公开发行股票困难的上市公司为主，其次是成长性较好的地方挂牌企业，其他企业发行量很少，这与可转债具有转股期权的特征有关。投资人投资可转债主要考虑的因素是未来股权的流动性和收益性。上市公司公开发行的可转债具有较好的流动性，成长性较好的地方挂牌企业发行的可转债具有较好的收益性。因此，可转债主要适用这两类企业。

（二）永续债的特征和适用范围

从制度层面看，只要符合发债条件的企业都可以发行永续债。但实践中，永续债的发行主体主要是金融机构和资质较好的国有企业。原因主要是永续债的永续性、偿还顺序的劣后性决定了永续债对主体资质要求较高，且发行成本高于普通债务融资。若企业资产负债率不高、债务融资条件较好，一般不会选择成本较高的永续债。因此，永续债主要适用因短期经营困难导致资产负债率高企、其他债务融资受限，但主体评级较好的国有企业。

（三）优先股的特征和适用范围

从制度层面看，上市公司和非上市公众公司都可以发行优先股。但实践中，发行优先股的企业主要是金融机构、有重组并购需求的上市公司和毛利率高、资产负债率高、市净率低、有融资需求的上市公司。优先股因股息固定、股息较高且流动性较差等原因，对非金融企业的吸引力不大。因此，发行优先股的非金融企业主要有：（1）有重组并购需求的上市公司；（2）毛利率比较高，能够负担较高股息的上市公司；（3）因资产负债率较高，缺乏债务融资渠道的上市公司；（4）市净率较低，普通股增发困难的上市公司。

（四）债转股的特征和适用范围

从制度层面上看，市场化债转股适用的是发展前景较好、符合国家产业政策、信用状况良好的企业。但实践中，市场化债转股适用两类企业：一是资产负债率高导致融资条件恶化，但发展前景良好的企业，这类企业本身有债转股的需求，对实施机构来讲，持股风险又较低，如受行业周期影响的钢铁企业、煤炭企业等；二是资产负债率较高且关系国家发展战略的重点企业，这类企业对实施机构来讲，持股风险可能较高，债转股实施更多是由政府主导，实施机构配合。

第五章 混合权益性金融工具的股债认定标准和定价机制

根据目前的会计税收制度，公募可转债、可交债的股债认定标准已经较为明确，永续债、优先股和债转股在债权和股权的认定上争议较大；定价方面，公募可转债、可交债、优先股的市场定价机制较为成熟，私募可转债和债转股因涉及非标准化产品，且缺乏全国集中交易平台，市场化定价机制有待进一步完善。

一、可转债的股债认定和定价机制

（一）可转债的股债认定

可转债是指债券持有人可按照发行时约定的条款将债券转换成公司普通股票的债券。财政部曾发布《企业会计准则第37号——金融工具列报》和《金融负债与权益工具的区分及其相关会计处理规定》对金融工具进行规范，其中涉及金融负债和权益工具的区分，适用于可转债的股债认定。

可转债股债认定的核心在于可转债在发行时约定的转股数量是否固定。根据《企业会计准则第37号——金融工具列报》，可转债的债券部分与转股权部分应当分开计量和列报。其中，转股权部分相对复杂。根据会计准则规定，假如转股权所对应的转股数量是固定的，则该转股权应确认为权益；假如转股数量是不固定的，则该转股权应确认为衍生金融工具（属于金融负债）。当前，市场上的部分可转债含有转股价下修条款，理论上其转股数量并不是完全固定的，其转股权应当确认为金融负债。但是，一方面下修条款实际提升了持有方行使转股权的可能性；另一方面下修条款的触发并不容易，会计准则也并未做专门规定。因此，实践中两种处理方式均存在，且以确认为权益为主。

（二）可转债的定价机制

1. 负债+权益

初始计量：（1）确认负债部分的价值，其折现率参考类似不具有转股期权的可比债券进行确定。（2）确认权益部分的价值，即从可转债的发行价格中扣除负债部分的公允价值，作为权益部分的公允价值。（3）交易费用分配。发行可转债发生的交易费用，在负债成分和权益成分之间按照各自的相对公允价值进行分摊。其中，与权益成分相关的交易费用直接计入损益；与负债成分相关的交易费用计入负债的账面价值，并采用实际利率法于可转债的期限内进行摊销。

在后续计量中,金融负债部分采用摊余成本法进行计量,权益工具部分则不再做后续计量。

2. 负债 + 衍生金融工具

初始计量:(1)确认衍生工具部分的公允价值,即通过 B – S 模型、二叉树等方法计量衍生工具的公允价值。(2)确认负债部分的公允价值,即从可转债的发行价格中扣除衍生金融工具部分的公允价值,作为债券部分的价值。(3)交易费用分配。发行可转债的相关交易费用按照负债部分和衍生金融工具部分各自所占比例进行分配,分配至负债的部分计入负债的账面价值,而分配至衍生金融工具的部分则计入当期损益。

后续计量时,衍生金融工具部分按公允价值进行后续计量,由于公允价值变动产生的损益计入当期损益。负债部分则采用摊余成本进行后续计量。

表 5 – 1　可转债的两个会计处理方式

会计处理方式	负债 + 权益	负债 + 衍生金融工具
负债初始计量	以可比债券收益率折现的净值	发行总额 – 衍生工具公允价值
负债后续计量	以实际利率法摊销,摊余成本计量	以实际利率法摊销,摊余成本计量
权益/衍生工具初始计量	发行总额 – 负债价值	衍生工具公允价值(采用模型)
权益/衍生工具后续计量	不再后续计量	按公允价值计量
交易费用	按初始计量分配	按初始计量分配
转股时	由当前项目转入股本和股本溢价	由当前项目转入股本和股本溢价

二、可交债的股债认定和定价机制

(一)可交债的股债认定

可交债中的标的股权并不是发行人自身的权益工具,而是发行人持有的他人权益工具(对发行人而言是一项金融资产或者长期股权投资),因此并不存在权益成分,这一点与可转债是不同的。可交债对于发行人而言实际上是一项包含嵌入衍生工具的混合权益性金融工具,其主合同为到期本息(按票面利率计算)按照市场利率折现的金额;嵌入衍生工具为持有人获得的按照固定价格购买发行人持有特定金融资产的一项看涨期权。

总结来看,发行人在发行可交债时,应该将其区分为纯债与衍生金融工具进行确认。就可交债的混合权益性质而言,需比较纯债部分与衍生金融工具部分的相对价值,衍生工具部分的相对价值越大,则持有方进行转股的可能性越强,可交债的股性越强。实质上,就混合权益性质的分析而言,可交债与可转债在分析原理上非常相似,其区别在于所转换股权的权属有所不同。

(二)可交债的定价机制

根据可交债的确认,虽然都确认为金融负债,但是需要区分为纯债与衍生金融工具两部分，二者在定价方面的规定有所不同的。

就纯债部分而言，其主合同为到期本息（按票面利率计算）按照市场利率折现的金额，发行方应按照相似标准债券选取市场实际利率，再采用现金流量折现的方式计算纯债部分的现值。纯债部分的后续计量则采用摊余成本。

就衍生金融工具部分而言，其初始定价采用发行方收到的价款减去纯债部分的价值确定。后续计量则采用公允价值，其公允价值的变动计为当期损益。衍生金融工具的公允价值反映的是内嵌转股期权的价值，客观来说，其价值大小与转股价格和标的股权的市价相关。转股价格越低，或标的股权的市价越高，则持有方越有可能对可交债进行转股，衍生金融工具的公允价值也就越大。

三、永续债的股债认定和定价机制

2019 年之前，永续债的股债认定标准非常模糊，存在较大的套利空间，促使永续债市场规模大幅扩大。但 2019 年永续债新规在一定程度上明确了股债认定标准，计入权益的门槛大幅提高，也制约了永续债的发展空间。

（一）2019 年之前的认定标准

2019 年之前，永续债股债认定标准的依据主要是《企业会计准则第 22 号——金融工具确认和计量》、《企业会计准则第 37 号——金融工具列报》和《金融负债与权益工具的区分及相关会计处理规定》。

根据上述规定，企业发行的金融工具同时满足下列条件的，将界定为权益工具：（1）该金融工具应当不包括交付现金或其他金融资产给其他方，或在潜在不利条件下与其他方交换金融资产或金融负债的合同义务；（2）将来须用或可用企业自身权益工具结算该金融工具。不能同时满足这两个条件的永续债则应界定为负债。

具体到发行条款上，要满足界定为权益的标准，发行条款至少应包含以下内容：

（1）须约定发行人拥有续期选择权和赎回选择权。

（2）须约定发行人可以无条件、无限次推延付息；如有强制付息事件条款，则该事件应可由发行人控制是否发生。

（3）没有担保条款。

（4）合同中没有或有结算条款，如果合同中存在或有结算条款，须满足下述条件之一：要求以现金、其他金融资产或以其他导致该工具成为金融负债的方式进行结算的或有结算条款几乎不具有可能性，即相关情形极端罕见、显著异常或几乎不可能发生；只有在发行方清算时，才需以现金、其他金融资产或以其他导致该工具成为金融负债的方式进行结算。

（5）约定仅发行人拥有赎回选择权，持有人没有回售权。

可见，发行人是否完全掌握偿付的自主权是划分权益与负债工具的关键。对于永续债来讲，灵活的条款设计使得发行人可以自主选择是否赎回债券和延期付息时，永续债实际可被整体认为是权益。

(二) 2019 年之后的认定标准

由于永续债的股债认定在实际中仍存在不少争议,财政部于 2019 年 1 月发布了《永续债相关会计处理的规定》(财会〔2019〕2 号)对永续债的会计处理做了进一步规定。

根据《永续债相关会计处理的规定》,"是否能无条件地避免交付现金或其他金融资产的合同义务"是判断永续债分类的关键。具体到发行条款中,《永续债相关会计处理的规定》从到期日、清偿顺序、利率跳升和间接义务三个方面了进行细化,如图 5 – 1 所示。发行人在对三个因素进行综合考虑时,如果有一个因素导致发行方具有偿付本金的义务,则应将永续债确认为负债。

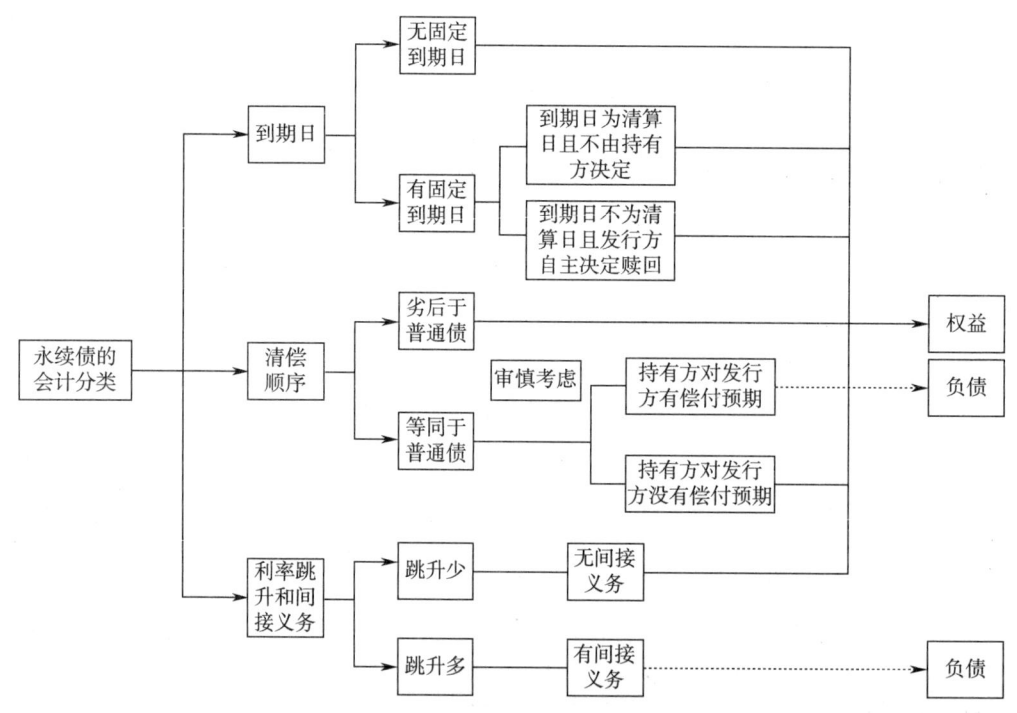

图 5 – 1　永续债的股债认定标准

1. 到期日

一是如果无到期日,且持有方无权要求发行方赎回该永续债时,则将永续债确认为权益。

二是如果有到期日时,则考虑该到期日是否为清算日:如果为清算日,且该清算日不由持有方决定,则可将永续债确认为权益;如果不为清算日,则只有发行方能自主决定是否赎回永续债时,可确认为权益。

2. 清偿顺序

一是劣后于普通债券的通常归为股权。

二是与普通债券相同时,发行方应审慎考虑相关条款是否导致持有方具有永续债的偿付预期,如果没有预期,则可以考虑将永续债确认为权益。

3. 利率跳升和间接义务

利率跳升机制的核心在于该机制是否很有可能导致发行方承担赎回永续债的间接义务。

一是若利率跳升较低,则对发行方不构成赎回的间接义务,可考虑将永续债确认为权益。

二是若利率跳升较高,则构成间接义务,需将永续债确认为负债。具体来说,如果利率跳升次数有限,且最高票息限制(封顶利率)没有超过同期限同行业同类型工具的平均利率水平,则说明利率跳升没有对发行方产生赎回的间接义务;如果最高票息超过了同期限同行业同类型工具的平均利率水平,则说明发行方具有赎回的间接义务,发行方需将永续债确认为负债。

(三) 永续债的税收处理

所得税处理方面,2019 年发布的《关于永续债企业所得税政策问题的公告》主要明确了不重复征税和税前利息扣除问题,具体来看:

一是企业发行的永续债,可以适用股息、红利企业所得税政策,发行方的利息支出不得在企业所得税税前扣除。其中,发行方和投资方均为居民企业的,永续债利息收入可以适用《企业所得税法》规定的居民企业之间的股息、红利等权益性投资收益免征企业所得税的规定。

二是如果企业发行符合规定条件的永续债,也可以按照债券利息适用企业所得税政策。发行方的利息支出可以在企业所得税税前扣除,投资方的永续债利息收入需依法纳税。符合规定条件的永续债,是指符合下列条件中 5 条(含)以上的永续债:

(1) 被投资企业对该项投资具有还本义务;
(2) 有明确约定的利率和付息频率;
(3) 有一定的投资期限;
(4) 投资方对被投资企业净资产不拥有所有权;
(5) 投资方不参与被投资企业日常生产经营活动;
(6) 被投资企业可以赎回,或满足特定条件后可以赎回;
(7) 被投资企业将该项投资计入负债;
(8) 该项投资不承担被投资企业股东同等的经营风险;
(9) 该项投资的清偿顺序位于被投资企业股东持有的股份之前。

总的来说,永续债的税收政策视其股债性质而定,如果确认为权益,则适用股息、红利所得税政策;如果确认为负债,则适用负债利息所得税政策。

(四) 永续债的定价机制

前已述及,发行方对永续债的会计确认分为两种情况,一种是确认为负债,另一种是确认为权益。如果发行方将永续债确认为权益,则其初始定价按照相应的发行价确定,后续计量不需按公允价值变动进行调整;如果发行方将永续债确认为负债,则其初始定价按照相应的发行价确定，后续计量采用摊余成本。

对于投资者来说，永续债的确认则需采用公允价值。在采用公允价值的情况下，如果没有活跃的市场价格，则需要采用估值模型进行定价。目前，市场上比较成熟的估值模型主要是中债估值中心发布的"中债商业银行无固定期限资本债券估值方法论"（见附件1），其虽然针对的是商业银行发行的永续债，但是，就估值方法而言，其对于所有永续债都具有借鉴意义。与此同时，中债估值中心也对非金融企业的永续债提供估值服务，其估值的前提是永续债赎回的可能性较大，即在估值层面，永续债实际是作为标准债券进行处理。

（五）对永续债现存问题的分析

目前，我国永续债市场仍在发展过程中，就其股债认定和定价而言，存在的突出问题在于按照"真永续"进行会计确认，按照"假永续"进行定价。按照"真永续"进行会计确认是指发行方视同永续债不需赎回，其不需承担偿还本金的义务，在会计确认时将其确认为权益；按照"假永续"定价是指由于利率跳升机制的存在，投资方视同永续债赎回的可能性较大，其在认购永续债和后续的估值定价过程中将永续债视为负债处理。

此问题的原因在于永续债的发行方有降低企业账面杠杆和降低融资成本的双重需求。一方面，永续债的发行方希望降低企业的财务杠杆，其需要将永续债确认为权益以优化资产负债表；另一方面，为了降低永续债发行的融资成本，发行方引入利率跳升机制给予投资方未来赎回的预期，从而降低发行利率。

实践中永续债的股债认定违背了"实质重于形式"的原则。理论上，如果永续债为"真永续"，则发行方拥有赎回的选择权，其需要给投资方较高的发行利率以购买这一选择权。实践中，利率跳升机制的引入，给了投资方未来赎回的预期，则发行方不需要给投资方较高利率以购买这一选择权，发行利率得以降低。利率跳升对冲了发行方本应具有的赎回选择权，使得发行方需承担未来赎回的义务。因此，基于"实质重于形式"的原则，实践中多数带有利率跳升的永续债都不具备确认为权益的条件。

解决"真永续"和"假永续"并存的措施在于引导企业按"实质重于形式"的原则进行会计确认。与此同时，相关监管部门需鼓励企业在发行永续债时摒弃利率跳升这一机制，真正基于赎回权进行定价，即给予投资方一定的利率补偿以获取未来赎回的选择权，使永续债在实质上成为真正可确认为权益的债券。

四、优先股的股债认定和定价机制

理论上讲，优先股属于纯权益性的融资工具，但又因为其约定固定的股息，且索偿权在普通股之前，所以实务中属于混合权益性工具。

（一）优先股的股债认定

从法律形式上来看，优先股属于股权类证券。我国《公司法》（2013年修正）并没有对优先股制度作出明确规定，仅在第一百三十一条规定，"国务院可以对公司发行本法规定以外的其他种类的股份，另行作出规定"。因此，在 2013 年 11 月和 2014 年 3 月，国务院和证监会分别发布《关于开展优先股试点的指导意见》（国发〔2013〕第 46 号）和《优先股试点管理办法》（中国证监会令〔2014〕第 97 号），分别从行政法规和部门规章层面对优先股的法律性质作出明确的界定，即"优先股是指依照公司法，在一般规定的普通种类股份之外，另行规定的其他种类股份"。

会计上对优先股股债的认定需遵循财政部发布的《金融负债与权益工具的区分及其相关会计处理》。根据会计准则的要求，金融工具确认为权益工具需满足两个条件：（1）该金融工具应当不包括交付现金或其他金融资产给其他方，或在潜在不利条件下与其他方交换金融资产或金融负债的合同义务；（2）将来须用或可用企业自身权益工具结算该金融工具，如该金融工具为衍生工具，则自身权益工具的结算数量需要固定。

在具体的实践中，优先股多被确认为权益。通常，发行方不需要承担偿付优先股本金的义务，主要承担偿付股息的义务，因此，大多数的优先股都被确认为权益。但是，如果优先股的条款中包含强制赎回条款（如发行人在一定的年限后强制赎回优先股），则说明发行方需要偿付优先股的本金，其应将优先股确认为金融负债。

（二）优先股的定价机制

1. 发行方对优先股的定价

发行方对优先股的会计确认分为两种情况，一种是确认为权益，另一种是确认为负债。如果发行方将优先股确认为权益，则其初始定价按照相应的发行价确定，后续计量不需按公允价值变动进行调整；如果发行方将优先股确认为负债，则其初始定价按照相应的发行价确定，后续计量采用摊余成本。

2. 投资方对优先股的定价

对于投资方来说，如果优先股被划分为以公允价值计量的金融工具，则投资方需要根据公允价值的变动进行后续计量。在没有公开市价的情况下，还需要采用估值模型进行估价。优先股的估值原理与债券类似，采用现金流贴现的方式，即未来股利的贴现。对于标准股息率固定的优先股（可称为普通优先股），其估值模型类似于年金方法，公式如下：

$$P_f \cdot P = \sum_{t}^{\infty} \frac{P_f \cdot Div_t}{(1+r_t)^t}$$

其中，$P_f \cdot Div_t$ 为优先股在 t 为时刻发放的股利，r_t 为当期优先股的发行成本，可参照普通股成本由无风险利率和风险溢价组成。由于优先股普遍为永续股权，所以在优先股成本 r_t 以及每期股利 $P_f \cdot Div_t$ 固定时，上式也可进一步简化为

$$P_f \cdot P = \frac{P_f \cdot Div}{1-r}$$

此外，除了标准股息固定的优先股之外，市场上还有浮动股息率优先股、可转换优先股、可赎回优先股等特殊设计种类，这些优先股可以看成普通优先股和一系列期权的组合。由此，含权的优先股可以参考含权债券的估值模型进行估值定价。

五、债转股的股债认定和定价机制

(一) 债转股业务的股债认定

实践中，债转股业务的运作形式主要包括"收债转股"和"发股还债"两种。"收债转股"是金融资产投资公司将企业的债权收购过来，再进行转股；"发股还债"则是由标的企业先向金融资产投资公司定向发行股份，企业再用增发股份所得的资金偿还债务。

标的企业对于两种运作形式均按照名义上的股债性质进行会计确认。在"收债转股"的情形下，标的企业在转股时直接将相关债务转换为股权，并做相应的会计处理。在"发股还债"情况下，企业增发股份和偿还债务都不涉及复杂的会计处理，按正常的业务处理即可，即增发股份时则记为股权，偿还债务时则扣除债务。

(二) 债转股的定价机制

1. "发股还债"业务的定价

"发股还债"业务中，其主要涉及股权资产的定价，具体分为两类。

一类是上市公司股权的定价。此类公司的股权定价参考《上市公司重大资产重组管理办法》中的规定，即债转股实施机构以上市公司停牌日之前20个交易日、60个交易日和120个交易日的均价之一为市场参考价，在此基础上以不低于其90%的价格进行股权认购。

另一类是非上市公司的股权定价。主要涉及两个方面：(1) 标的企业资产的基础价格。此价格主要参考外部评估机构的评估价确定。在具体实践中，如果标的企业为国有企业，相应的评估价还需报国有企业所属的国资委备案以确定价格是否合理。(2) 金融资产投资公司所投资股权的期间收益率。期间收益率是指债转股实施机构在签订对赌协议时要求的预期收益率，此收益率在确定时主要考虑四方面因素：一是资金成本，即金融机构获取同业借款的成本；二是管理成本，包括项目的运营成本、相关的税费等；三是风险成本，即项目的预期损失，也可以说是风险溢价；四是资本成本，即金融机构所要求的资本回报率。在具体业务中，金融机构与标的企业在商讨价格时会选择永续债作为参考，在此基础上增加相应的风险溢价，从而最终确定价格。

2. "收债转股"业务的定价

"收债转股"业务中，涉及债权的定价和股权的定价。国家工商行政管理总局公布的《公司债权转股权登记管理办法》规定："用以转为股权的债权，应当经依法设立的资产评估机构评估。债权转股权的作价出资金额不得高于该债权的评估值。"因此，投资方在收购标的企业债权时需要参考债权的评估价。此外，收购债券转换为股权后，股权投资涉及的期间收益率确定与"发股还债"业务相似。

六、对债转股中"名股实债"的进一步分析

在债转股业务中，无论是"收债转股"还是"发股还债"，都存在一定程度的

"名股实债"现象。金融资产投资公司虽然以股权的形式进行投资,但还是会与标的企业签订协议,以获取稳定的现金流,这种协议从账面上降低了企业杠杆率,但其降低企业财务风险的程度仍有待观察,即债转股业务中的"股"仍具有一定的债性,"名股实债"这一协议呈现出混合权益性特征。"名股实债"是目前债转股中具有争议的现象,也是我国推进"降杠杆"过程中面临的难点问题。因此,本书对此进行专项分析。

(一)法律上对"名股实债"的界定

"名股实债"并非严格的法律概念,而是对实务中存在的某种创新型投资模式的总称,是指投资人将资金以股权投资的方式投入目标公司,并约定在一定期限届满或一定条件下收回投资本金和获得固定利益回报的投资方式。法律对于如何区分"名股实债"中的股权和债权并未有专门的法律条文,在实际中,"名股实债"的股债认定也较为复杂,具有一定争议。目前,比较权威的参考指南要属我国最高法院民二庭法官会议发布的《名股实债协议的性质与效力》。民二庭法官会议制度是为解决合议庭内部法律使用问题上的分歧而建立的法官讨论制度,其讨论形成的会议纪要对于处理实务中的有分歧的法律问题具有指导意义。就股债认定而言,《名股实债协议的性质与效力》主要从"名股实债"协议的运作模式、法律效力以及法律性质方面进行了相应的论述。

1. "名股实债"协议的运作模式

"名股实债"在实际中主要有四种运作模式。

一是信托公司发行信托计划筹集资金,以信托资金对目标公司进行股权投资,约定固定收益回报。具体约定条款包括但不限于:(1)约定公司股东在固定期限届满后以本金和固定收益对投资人股权进行回购;(2)设置对赌条款,如果融资方满足条款,则需要以固定溢价回购信托计划所持股权,回购方为目标公司,或者目标公司股东和目标公司关联方;(3)约定若目标公司分红不足以保证固定本息,则需进行差额补足。

二是信托公司股权投资加债券投资模式。信托公司以少量资金获取股权,剩余信托计划以贷款名义发放给目标公司。

三是证券公司或者基金公司设立资管计划进行股权投资,或者股权投资加发放贷款模式。其中,债权部分获取本息退出,股权部分通过项目分红、股权收购等方式获取固定回报。

四是多层嵌套。出资方通过信托公司、证券公司或基金公司进行股权投资,获取固定收益。

以上四种运作模式的区别主要在于投资方筹集资金和投资方式的不同,但共同点在于投资方未来都会获得固定本息,或者固定收益。

2. "名股实债"协议的法律效力

《名股实债协议的性质与效力》中提到,认定"名股实债"的效力,主要是考察股权回购条款的效力。关于股权回购条款的效力,最高人民法院在多个判决中均认可其是合法有效的。在具体判断时,主要基于两个层面的考虑。

一是股权回购不构成实质上的借贷合同，则"名股实债"仍呈现出股性，合同是有效的。

二是股权回购构成实质上的借贷合同。在此情况下，借贷合同是否有效主要看投资方是否具有放贷资质，以及投资方放贷的方式是否符合相应的监管规定。如果投资方未违反国家有关的金融监管规定，则此借贷合同有效。

总结来看，债转股中的"名股实债"协议实际虽违反相应的监管规定，但合同具有法律效力。

3. "名股实债"协议的法律性质

"名股实债"的法律性质是指投资人享有的究竟是股权还是债权。《名股实债协议的性质与效力》提到，股债性质取决于投资人的真实意图。

如果投资人意欲取得公司股权，往往会在协议中约定对公司的经营管理权，在登记为股东后实际参与公司的经营管理。在此情况下，应当认定投资人取得的是股权。

如果投资人的投资目的仅是取得固定回报，协议中并未详细约定投资人参与公司管理权，即便登记为股权，也应认定其仅享有债权。

总结来看，法律上对"名股实债"股债性质的认定主要基于投资者的投资意图，其判断标准在于协议中是否约定了投资人享有一定的经营管理权。

（二）会计上对"名股实债"的界定

1. 会计准则有关股债认定的规定

会计准则没有对"名股实债"进行专门界定，要对"名股实债"进行股债认定，仍需遵循财政部发布的《金融负债与权益工具的区分及其相关会计处理》。

根据此会计处理规定，金融负债只需满足下列条件之一：

（1）向其他方交付现金或其他金融资产的义务；

（2）在潜在不利条件下，与其他方交换金融资产或金融负债的合同义务；

（3）将来须用或可用企业自身权益工具进行结算的非衍生工具合同，且企业根据该合同将交付可变数量的自身权益工具；

（4）将来须用或可用企业自身权益工具进行结算的衍生工具合同，但以固定数量的自身权益工具交换固定金额的现金或其他金融资产的衍生工具合同除外。

权益工具的确认则需同时满足下列条件：

（1）该金融工具不包括交付现金或其他金融资产给其他方，或在潜在不利条件下与其他方交换金融资产或金融负债的合同义务。

（2）将来须用或可用企业自身权益工具结算该金融工具的，如该金融工具为非衍生工具，不包括交付可变数量的自身权益工具进行结算的合同义务；如为衍生工具，企业只能通过以固定数量的自身权益工具交换固定金额的现金或其他金融资产结算该金融工具。

总结来看，应用到"名股实债"协议，股债认定的标准在于发行方是否具有交付现金和其他金融资产的义务。

2. 实践中股债认定的做法及相应分析

在债转股过程中，无论是"收债转股"还是"发股还债"，发行方均将发行的股份确认为权益。如果对照会计准则的要求，则需要分两种情况进行分析。

一是发行方承担向投资方支付固定收益的义务，但不承担回购投资本金的义务。严格来说，此种情形下，发行方承担了支付现金或金融资产的义务，应确认为金融负债。但是，如果对照优先股和永续债的会计处理，可知在不承担支付本金义务的情况下，相应的金融工具可以确认为权益，即会计准则认可不支付本金确认为权益的情况。因此，若"名股实债"协议中仅包含支付固定收益的义务，则发行方可以将投资本金确认为权益。

二是发行方承担向投资方回购本金和固定收益的义务。此种情形使得投资本金未满足权益的确认条件，发行方既要承担支付固定收益的义务，又要回购投资方的股权，即该投资协议与借贷合同没有区别，发行方需要将投资方支付的本金确认为负债。实践中，发行方确认为权益的方式违背了会计准则的要求，也违背了"实质重于形式"的原则。

（三）基于降杠杆角度的"名股实债"分析

目前，我国正在推进非金融企业降低企业杠杆风险，提升经济发展的质量和效率。降低企业杠杆风险主要包含两方面内容：一是实质降低企业财务风险，优化企业资本结构；二是提升企业公司治理水平，优化企业经营能力。在债转股过程中，"名股实债"协议应该从以上两个目标出发去约定相应的条款，达到至少两方面的要求。

一是"名股实债"协议不应包括回购投资股权的条款。如果发行方需在未来承担回购股权的义务，则该协议与普通的债权类协议没有差别，其并未达到降低企业财务风险的目的，发行方也就不能将投资股权确认为权益。

二是"名股实债"协议中应该包含投资方参与企业经营管理的相应条款。投资方可以实质上行使股东权利，同时也能从股权制衡的角度出发提升标的企业的公司治理水平。

以上两个要求中，第一个要求与会计准则的内涵要求相一致，第二个要求与法律层面的内涵要求相一致。其中，第一个要求是最基本的要求，即在财务层面真正降低企业杠杆。

需要说明的是，"名股实债"不应是企业降杠杆过程中提倡的业务模式，企业应该运用标准的股权投资模式获取权益性资金以优化资产负债表。同时，投资方也需积极参与企业公司治理，合理行使股东权益，这是债转股过程中企业和投资方应该努力的方向。

第六章 我国降杠杆实践和存在的问题

一、可转债降杠杆实践和存在的问题

(一) 可转债发行情况

国内可转债市场起步较早,早在1992年、1998年、1999年和2000年都有过零星的可转债发行,规模较小,总融资额在50亿元左右,发行相关的制度规章也不完善。直到2001年证监会颁布了《上市公司发行可转换公司债券实施办法》和相关配套文件后,国内可转债市场才步入了一个新的发展阶段。

在2002年至2004年三年中,由于增发和配股等融资方式在弱势中难以成行,可转债取得了快速的发展,发行规模和笔数都有显著的上升,成为市场主要的再融资工具。2005年市场进入股改阶段,再融资停止。在2006年和2007年两年大牛市中,一种可以取得两次融资机会的分离交易可转债在市场上兴起,迅速压缩了传统可转债的发行空间。在2006年、2007年和2008年的三年中,分离交易可转债的融资规模都远远超过传统可转债,特别是在2008年达到顶峰。由于2008年后市场开始进入调整,大量的分离交易可转债的权证最后都没能成功行权,并导致一些个人投资者投资直接归零,分离交易可转债在2009年开始走向衰落,仅发行了四川长虹一家,大量的公司都改变了融资方案。由于这样的一个切换过程,整个可转债融资在2009年也陷入多年的低点。进入2010年后,分离交易可转债昙花一现地退出融资舞台,传统可转债再一次得到快速发展。

2010年、2011年和2013年出现了大规模可转债发行,2010年发行的中行转债的发行规模为400亿元,2011年发行的石化转债规模为230亿元,2013年发行的平安转债和民生转债规模分别为260亿元和200亿元。

2017年2月17日,证监会修订发布《上市公司非公开发行股票实施细则》以及《发行监管问答——关于引导规范上市公司融资行为的监管要求》,规定定价基准日为本次非公开发行股票发行期的首日;上市公司申请增发、配股、非公开发行股票的,本次发行董事会决议日距离前次募集资金到位日原则上不得少于18个月;上市公司申请非公开发行股票的,拟发行的股份数量不得超过本次发行前总股本的20%。《上市公司非公开发行股票实施细则》对定增实施了更加严格的管理,导致定增难度加大,有利于推动可转债发行。如图6-1所示,2017年之后可转债的发行数量和规模均出现快速上涨，2017年和2018年可转债发行数量分别为40只和67只，发行规模分别为946亿元和787亿元。截至2019年7月4日，2019年已发可转债62只，合计规模为1547.76亿元，创历年新高，可转债市场呈现快速扩张趋势。

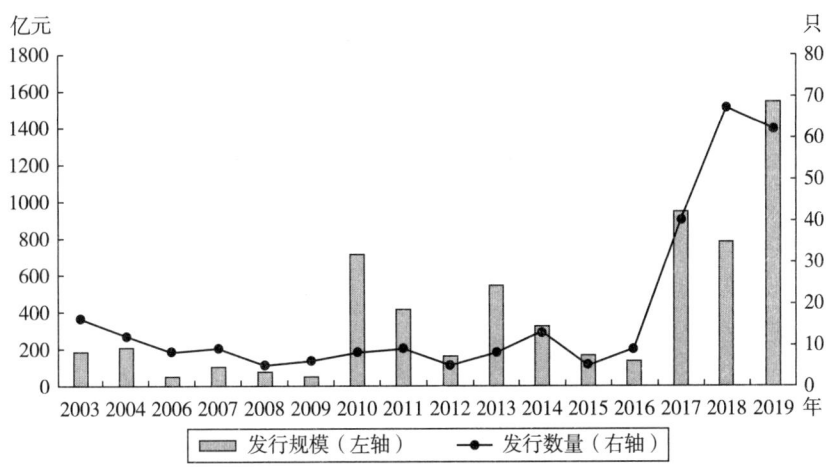

图6-1　我国可转债发行情况

随着可转债发行数量的增加，可转债对应正股所在的行业也更加丰富多元。按照Wind行业分类，2017年以前发行可转债的公司主要集中在材料、公用事业、运输、资本货物四类行业。2017年发行可转债的公司所在行业则扩张至14类（见图6-2），其中技术硬件与设备、汽车与汽车零部件、软件与服务、食品饮料、银行是增速比较明显的几大行业。从可转债规模分布来看，多数可转债的发行规模在10亿元以下，规模普遍较小。

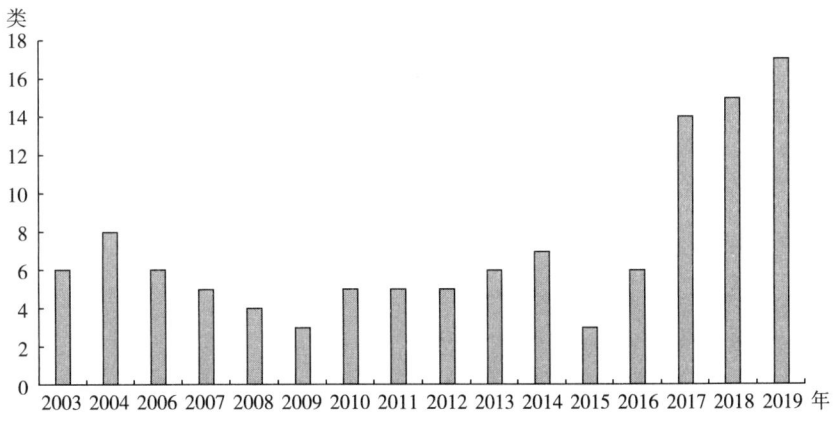

图6-2　我国可转债发行的行业丰富多元

（二）可转债降杠杆效果评价

从转股情况看，可转债降杠杆效果较好。可转债的退出方式主要有四种：转股、提前赎回、回售、到期兑付。选取2000年以来已退市的137只可转债进行分析，从退出方式来看，公司作为债务人为了避免回售压力或到期兑付，一般采用下修或强赎促进转股，因此绝大多数可转债以转股的形式实现退出。如表6-1所示，从转股比例来看，转股比例大于99%的占比67.9%，大于90%的累计占比为79.3%。退出时长从7个月至6年不等。50%的转债于2年内转股退出，3年内退出的转债累计占比62%。

表6-1 可转债的退出方式

退出方式		数量（只）	占比（%）
转股比例	大于99%	95	67.9
	90%~99%	16	11.4
	50%~90%	2	1.4
	小于50%	3	2.1
到期+回售		1	0.7
到期		23	16.4
总计		140	100

（三）可转债降杠杆的优劣势

1. 优势

（1）发行主体广泛。包括所有的股份有限公司和有限责任公司。

（2）发行门槛较低。符合公司债券发行条件即可。

（3）市场化程度高。债券发行、交易、转股等各个环节都是市场化定价，转股意愿可由投资者根据债券市场和股票市场行情判断决定。

（4）流动性好。Wind数据显示，2018年可转债的换手率为2.18，远高于同期债券市场换手率0.58。

2. 劣势

（1）降杠杆效应滞后。发行可转债是先增加杠杆后降低杠杆，在债券发行初期会增加企业杠杆率，转股后才能降低杠杆率。滞后期最少也在3个月以上。

（2）稀释股权。可转债转为股权，会增加发行人股份总额和股东人数，稀释老股东的股权。

（四）可转债降杠杆存在的问题

1. 私募可转债的发行标准不统一。目前，沪深交易所和区域股权交易所发行的私募可转债适用相同的发行主体，性质相同，但监管制度不同，转股期限、转股价格、投资者标准存在较大差异，可能存在监管套利空间。

2. 发行场所限制了可转债市场规模空间。目前，可转债只能在交易所和区域股权交易所发行，银行间市场作为我国最大的债券市场，不能发行可转债，在一定程度上限制了可转债市场的发展空间和潜力。

3. 与股市有较强顺周期效应。当股市基本面较好时，企业增资扩股较为容易，发行股票融资比可转债融资更为直接；当股市基本面不好时，企业增资扩股变得困难，可转债市场吸引力下降，转股比例下降，企业面临还本的压力。

4. 信用评级体系不健全。债转股既有债性又有股性，但是市场上对可转债的评级采用与一般信用债相同的评价方法。当信用评级较低时，可能就会将保险资金拒之门外，不利于可转债市场的扩容。

二、可交债降杠杆实践和存在的问题

（一）可交债发行情况

为规范上市公司股东发行可交债，2008年证监会发布了《上市公司股东发行可交换公司债券试行规定》，对可交债的发行主体、换股标的公司股票、可交债的期限和规模等做了较为详细的规定。2009年，健康元欲推出第一单可交债，但最终无疾而终。直至2013年，深交所发布了《关于开展中小企业可交换私募债券试点业务有关事项的通知》，进一步完善各项细节，才促使中小企业可交债发行。同年10月，福星药业发行了我国首例可交债。

发行量方面，私募发行量是公募的两倍左右。如图6-3所示，截至2019年9月末，可交债共发行246只，其中公募20只，私募226只；累计发行规模3213.09亿元，其中私募发行2206.39亿元，公募发行1006.7亿元，公募的发行速度远不及私募。

存量方面，私募是公募的1.5倍左右。目前可交债市场存量规模2345亿元，存量只数148只，其中私募133只，存量规模1423.2亿元，公募15只，存量规模926.7亿元。由于私募发行灵活性更高，可交债市场仍以私募为主，特别是2016年之后，私募发行量剧增，而公募的表现则较为平淡。

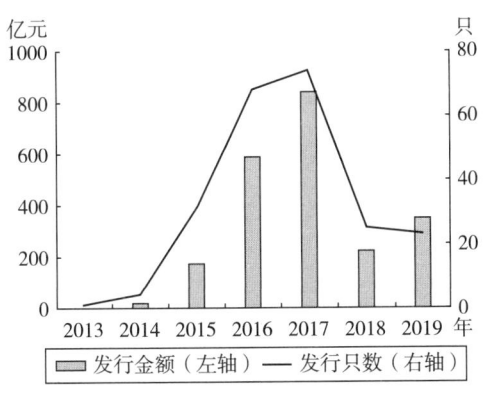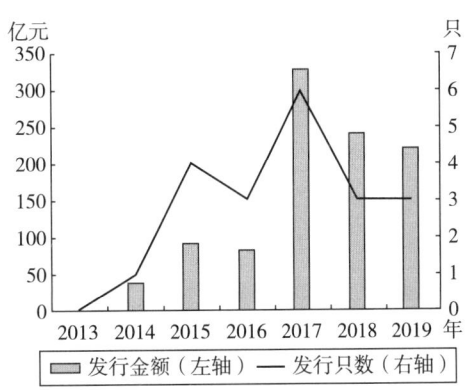

图6-3 私募（左）和公募（右）可交债发行情况

发行人性质方面，国企发行量略高于民企。从发行人性质看，民企居多，国企偏少，且民企多以私募形式发行。从2013年至2019年8月末，民企共发行可交债198只，其中公募3只，私募195只；国企共发行可交债48只，其中公募17只，私募31只。从发行规模上看，国企略高于民企，国企共发行1759.03亿元，其中公募976.7亿元，私募782.33亿元。民企共发行1454.06亿元，其中公募30亿元，私募1424.06亿元。

从发行规模分布来看，私募小盘居多，公募大盘较少。10亿元以下的个券占比为78%，10亿元以上占比为22%；公募发行规模要高于私募，公募10亿元以下的占比仅为25%。发行规模的大小主要受到发行人负债率、发行人持股市值、换股后发行人是否会丧失对标的公司控制权等几个因素的影响。

可交债的退出路径一半为转股。目前已退市的可交债共96只，发行总额763.80亿元。其中，转股金额367.38亿元，占比50.20%；赎回金额121.32亿元，占比16.58%；回售金额68.38元，占比9.34%；到期金额174.79亿元，占比23.88%。从生命周期的结束轨迹来看，可交债一半以上均实现转股，有36只转股比例为100%，即投资人全部换股，发行人全部减持，有7只转股比例在90%以上，有38只转股比例为0；有不到两成的可交债被发行人赎回，其中13只赎回比例为100%，2只赎回比例在70%以上；有一成不到的可交债被投资者回售，2只回售比例为100%，6只回售比例在50%以上；有两成以上的可交债最终被还本付息，其中10只到期比例为100%，8只到期比例在50%以上。与可交债不同，我们发现存续期转股是可转债最主要的退出方式，这反映出可转债发行人通常具有较强的转股意愿，90%的可转债转股比例都在95%以上，可转债转股是大概率事件。

（二）可交债降杠杆效果评价

可交债不能降低微观杠杆率，但可在一定程度上盘活企业资产。对于发行人而言，若可交债不转股，则与发行普通债券无异，单纯地增加发行人的杠杆率；若转股，则发行人通过负债增加，提高资产流动性。

与质押融资相比，可交债的优势主要表现如表6-2所示。

表6-2 可交债的比较优势

工具	可交债	银行股权质押	券商质押式回购
票面质押率	70%~100%	按市价打3~5折，略高于券商质押式回购	按市价打3~5折，
利率	3%~7%	7.5%~9%	8%以上
融资期限	1~3年	一般不超过2年	一般不超过2年
资金监管	无	严格的资金监管	较弱
补仓要求	可设置较为宽松的补仓线	严格的补仓条款	严格的补仓条款，不及时补仓面临平仓风险
质押物处置	交换	根据借款协议规定，处置程序较为复杂	可通过交易系统直接处置
投资者群体	关注公司经营风险的定价和成长性，愿意承担风险，与公司共同成长	赚取固定收益，仅关注信用风险	赚取固定收益，对公司经营情况不关心

1. 融资成本优势。可交债由于嵌入换股期权，公开发行的可交债票面利率一般低于2%，非公开发行利率一般在3%~7%，与股票质押融资相比，具有一定融资成本优势。

2. 质押率优势。公募可交债的质押率为70%，私募可交债的质押率最高可达100%，高于股票质押融资的30%~50%。

3. 减持功能。除短期融资外，很多上市公司股东还看上了可交债的减持功能。相比大宗交易减持，可交债发行即可获得资金，募集时间更短，可提前实现减持资金回收。例如，2016年8月，深圳市一体投资控股集团有限公司在深交所发行了一只可交债，募集资金4亿元，转股期从2017年2月26日开始，此只可交债的标的是一体集团2015年参与中珠医疗并购重组所得，2017年2月24日之前为非流通股。通过发行可交换债，并且债券持有人最终全部转股，一体集团提前6个月套现4亿元。

4. 负面影响较小。与股东直接减持相比，发行可交债对发行人和上市公司的负面影响较小。可交债在转股期内逐渐换股，对上市公司二级市场股价的影响较小，通过可交债减持股票，对可交债发行人和上市公司的负面影响较小。

三、永续债降杠杆实践和存在的问题

（一）永续债发行情况

我国永续债指可延期或无固定偿还期限附带赎回权的各类债券。2013年第一只永续债发行，2015—2016年永续债快速扩容，之后每年保持较高的发行量。截至2019年8月，我国非金融企业永续债累计发行1258只，发行金额19155.27亿元。每年的发行量如图6-4所示。

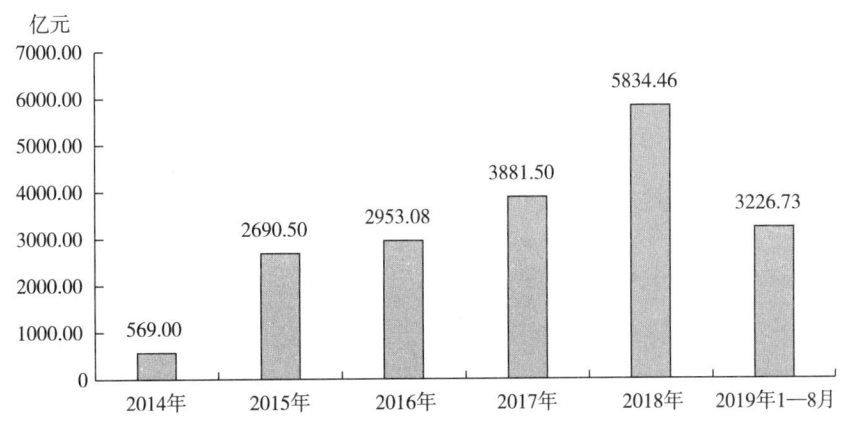

图6-4 非金融企业永续债发行情况

降杠杆政治要求下，国企成发行主力。存续永续债中，发行人基本以AAA国企为主（见表6-3）。

大多数公募发行，中票占比最高。存量永续债中，中票占比约72.25%，公司债占

比约 20.27%，企业债占比 3.18%，定向工具占比 2.76%。其中，公募发行占比高达 95.7%。

表 6-3 永续债发行主体分布

发行人评级	占比	发行人公司属性	占比
AAA	79.74%	中央国有企业	35.52%
AA+	16.40%	地方国有企业	59.98%
AA	2.79%	公众企业	2.23%
AA-	0.11%	民营企业	2.03%
C	0.96%	其他企业	0.07%
		外商独资企业	0.14%
		中外合资企业	0.04%

（二）永续债降杠杆效果评价

永续债的利率跳升条款，使其只能降低报表上的杠杆压力，不能实际降低企业的"真实"杠杆压力。除了期间付息外，负债最本质的性质是在确定的到期日，要以固定现金方式还本。永续债虽然在会计上可以计入权益，但 300 基点的跳升实际上给了发行人到期还本压力。如果发行人到期选择利息递延或者跳升 300 基点的话，虽然根据发行合同，发行人并未违约，但基本丧失了直接融资市场的融资能力。

发行人在永续债初始期限末，大多数选择赎回永续债。截至 2019 年 9 月 20 日，共有 10 只永续债发生了续期或者利息递延事件（见表 6-4）。2017 年 11 月，北京首都创业集团有限公司发行的"14 首创集团可续期债 01"选择展期 3 年，成为国内第一笔展期的永续债；而最近的一次则是 2018 年 12 月 19 日"17 凤凰 MTN002"递延了利息支付。

其中，首创、中电投、北大荒、山煤是由于当初发行条款里没写首个到期日跳升 300 基点，所以根据市场情况展期，较为合理。中城建、森工集、宜化化工、凤凰机场的票面跳升或者展期，市场已经把这类主体列为垃圾债，其中中城建标债已经违约。发行人是否选择永续取决于现有财务状况、再融资成本、永续的后果等，吉林森工、北大荒、宜化自从债券永续之后再无债券发行。

表 6-4 发生展期或者利息递延的永续债

证券简称	展期时间	发行额（亿元）	主体初始评级	展期或递延
14 首创集团可续期债 01	2017/11/03	20	AAA	展期 3 年
15 中城建 MTN002	2017/11/23	25	AA+	利息递延
15 森工集 MTN001	2018/02/04	10	AA	展期 3 年
15 宜化化工 MTN002	2018/05/19	6	AA+	展期 3 年
15 中电投可续期债	2018/06/08	30	AAA	展期 3 年
14 首创集团可续期债 02	2018/06/16	10	AAA	展期 3 年

续表

证券简称	展期时间	发行额（亿元）	主体初始评级	展期或递延
15 山煤 MTN001	2018/09/09	5	AAA	展期3年
15 海南航空 MTN001	2018/11/25	15	AAA	展期3年
15 北大荒 MTN002	2018/11/25	15	AAA	展期3年
17 凤凰 MTN002	2018/12/19	5.0	AA+	利息递延

（三）永续债降杠杆存在的问题

除不能降低企业还本付息压力外，永续债还存在以下问题。

1. 股债认定标准不统一。对于永续债是"股"还是"债"性质的认定，主要分为评级机构认定和会计认定。由于评级机构和会计考虑的视角和认定标准不一致，两者认定的股性和债性往往并不一致。评级方面，通常情况下次级永续债较主体评级要低两档，高级永续债可能低一档或不低档。会计处理方面，主要按照金融工具的实质进行划分，即发行人是否有在未来偿还本金的义务，若有这样的义务则被认定为负债，否则确认为权益。

2. 股债认定存在操作空间。股债认定在到期日和清偿顺序方面均有一定的操作空间。当永续债的赎回时间不是发行方清算日且发行方具有赎回权，发行方应当谨慎分析自身是否能无条件地自主决定不行使赎回权。当清算时永续债与发行方发行的普通债券和其他债务处于相同清偿顺序，发行方应当审慎考虑此清偿顺序是否会导致持有方对发行方承担交付现金或其他金融资产合同义务的预期，并据此确定其会计分类。这种规定在一定程度上给予会计人员较大的自主权和操作空间。

3. 存量永续债的会计处理不明确。目前，关于存量永续债是否根据新的会计准则进行调整尚不明确。据测算，永续债会计调整对资产负债率有影响的发行人数量占比为80.25%，影响程度分布广泛。如果不采取新老划断的办法，存量发行人将可能触发约束性条款，提前赎回永续债，从而导致资产负债率攀升，影响再融资能力。

4. 发行和赎回时点企业杠杆率波动较大。若根据会计准则，发行人将永续债计入权益，对改善企业资产负债结构能起到"立竿见影"的效果。但是，当永续债因利率跳升不再延期时，企业赎回永续债之后，杠杆率也会马上提高。这样，在发行和到期赎回时点，企业杠杆率的波动较大。

5. 银行机构可能避开监管投资股权。对于投资方而言，永续债可以带来更高的收益保障和丰厚的利润回报。但是对于银行投资者而言，则可能绕过相关监管政策，实现向企业贷款注资的目的。永续债可能成为当前管制条件下银行与企业结盟绕开监管的资本工具，其中的风险需予以关注。

四、优先股降杠杆实践和存在的问题

（一）优先股发行情况

非金融企业发行优先股非常少。截至2019年11月末，沪深两市共有40家上市公司累计发行优先股 43 只，累计募集资金 8747.26 亿元。发行优先股的上市公司主要为银行类公司，共 30 家，其余 10 家非金融企业分布在土木建筑行业（4 家）、造纸和纸制品业（3 家）、畜牧业（1 家）、医药制造类行业（1 家）和道路运输类行业（1 家）。最近一次非金融企业发行是 2017 年 5 月牧原股份发行的优先股。

银行是发行主力。截至 2019 年 11 月末，银行业发行了 8300.45 亿元的优先股，占全部优先股比例约为 95%。特别是 2018 年以来，由于上市银行通过优先股补充其他一级资本节奏加快，整体优先股发行规模又大幅增加。

企业全部采取非公开发行优先股，且股息类型为固定利率。10 只非金融企业优先股中有 9 只是在 2014 年优先股政策刚推出时发行，1 只是在 2017 年发行。10 只优先股全部采取非公开方式发行，股息类型全是固定股息，股息率在 4.5%~7.5%。

与银行发行优先股不同，非金融企业发行的优先股全部都不可转为普通股。从已发行的 43 只优先股看，金融企业发行的 33 只都可以转为普通股，而非金融企业发行的 10 只优先股都不可以转为普通股。

从历年募集资金规模来看，2014 年至 2018 年上市公司发行优先股募集资金总额分别为 1030 亿元、1959 亿元、1378 亿元、200 亿元和 1643.26 亿元。整体来看，2015 年至 2017 年发行优先股募集资金总额整体呈下滑趋势，2015 年发行规模达到最大值，2017 年两市仅江苏银行发行了一单。

（二）优先股降杠杆效果评价

理论上讲，优先股作为直接的股权融资工具，在降低企业杠杆率方面应该有立竿见影的效果，但实践证明，由于优先股存在发行成本、股利支付固定性等问题，企业发行优先股的意愿非常低。截至 2019 年 11 月，非金融企业发行优先股仅有 10 只，金额不足 300 亿元。可见，优先股降杠杆功能发挥非常有限。主要原因是资金成本比较高，已经发行的优先股股息在 4.5%~7.5%，因股息不具有减税功能，若以企业所得税 25% 计算，优先股税前股息为 6%~10%。

表 6-5 优先股的不足

资金成本较高	优先股股息来源于税后利润，不具有减税功能，股息率在 4.5%~7.5%，因此其成本高于债务成本。
股利支付的固定性	每年支付固定的股息，容易使业绩增长与经营活动现金流不匹配的上市公司缺乏有效的经营活动现金流，虽然公司可以不按规定支付股利，但这会影响企业形象。
条款的多样性以及不周密性易引发纠纷	优先股的条款设计多样，差异化的权限设计也会带来潜在的问题。由于合约条款的不周密性，优先股的存在可能会侵害到普通股股东权利，也可能损害优先股股东的权利，从而带来法律风险。
可能对普通股股东利益造成负面影响	如果募集资金产生的效益小于支付的利息，将面临企业利润被优先股股东侵蚀、投资收益率下降、普通股股东利益受损的困境。另外，优先股的推出会分流部分股市的资金。

（三）优先股降杠杆存在的问题

优先股降杠杆效率较低的原因主要是制度上要求较为严格，导致优先股发行条款设计灵活性不够。

1. 公开发行门槛过高。根据现行规定，上市公司公开发行优先股的条件较为严格，必须符合以下情形之一：（1）普通股属于上证50指数成分股之一；（2）发行优先股作为支付手段吸收合并其他上市公司；（3）减少普通股注册资本。

2. 有计入负债科目的可能性。条款设计上强制要求不参与剩余利润分配，并且采取固定股息率和强制分红。因为强制分红对应不能无条件避免支付现金或其他金融资产的合同义务，所以在会计处理上会使得公开发行优先股被计入金融负债科目，无法改变资产负债状况，一定程度上影响公开发行的积极性。

3. 发行成本较高。一是股息回报率要求高。与可转债、可交债等其他融资工具相比，优先股缺少灵活性，相应推高了融资成本，在不考虑优化资产负债的情形下，公司完全可以通过更廉价的债权融资方式获得资金。二是没有税收抵扣方面的优势。在税收抵扣方面，优先股股息无法在税前抵扣，相应提高了付息成本。

4. 发行审核时间较长。由于是股权融资，在审核程序上，优先股较为复杂，与可计入权益的其他混合性金融工具相比，发行审核时间较长。

5. 流动性较差。目前，上市公司发行的优先股，明确不能转为普通股，导致优先股的流动性非常差。从实际情况来看，即便是公开发行的优先股，交易也极不活跃。

五、债转股降杠杆实践和存在的问题

（一）两次债转股的异同

1. 20世纪90年代的债转股

20世纪90年代，受亚洲金融危机冲击，我国发生了较为严重的通货紧缩现象，经济增长速率迅速下滑。由于我国市场经济长期依赖外需与投资，国内经济结构失衡，增长放缓，再加上城镇化推进有限，居民消费水平不高，内需能力不足，引发大量企业亏损，工人失业，收入和需求二者之间也形成了相应的负面循环。

基于以上背景，20世纪90年代末推行的"债转股"能够使国企完成三年脱困目标，降低利息负担，帮助企业脱离亏损状态，增强再融资能力，并且为符合经济发展需要的重点企业提供合适发展条件，促进国有经济结构合理改组。实施债转股为相关企业节约借贷利息近200亿元人民币，账面资产的平均负债率从0.73降至0.5，八成以上的企业因此转亏为盈。仅一年之后，我国的许多国有企业就已经圆满地完成了脱困的任务。但是1999年"债转股"热潮也存在一些问题，主要表现在以下两个方面：

一是债权转为股权后退出困难、风险较大。其中较为典型的是中国石油和中国石化两大石油国企在1995年之后向商业银行借贷人民币累计338.5亿元，这些都成为商业银行不良贷款的重要组成部分；黑龙江省的20多家债转股企业都是经营亏损的企业，其资产质量不高、持股价值较低，大大增加了资产投资管理公司在股权退出时的

操作难度和风险。

二是债转股企业的经营效益没有提高。虽然在 2000 年有八成转股企业转亏为盈，但到 2002 年则下降到七成，这表明一些企业在转股后的经营效果不甚理想，部分企业又由盈转亏，负债比率有增高的趋势。

2. 两次债转股的背景大致相似

2016 年的债转股和 20 世纪 90 年代的债转股在产生原因上相似，主要体现在商业银行贷款方面。

首先，银行的不良贷款不断增多，信贷资产安全状况紧张。2015 年底，我国商业银行不良借贷比例上升到 1.67%，不良资产余额达到 12744 亿元人民币，两者均有持续上涨的趋势。其中农业银行和建设银行的拨备覆盖率分别下降到 189.43% 及 150.99%，离 150% 的红线已很近。数额巨大的不良贷款已成为商业银行的潜在风险，妥善处理不良资产成为重点工作任务。

其次，国有企业借贷率高，经营情况差。国有企业的经营水平不高，效益低，盈利水平有限。与此同时，资产负债率一直居高不下。出台债转股政策可以减轻企业的债务问题，有助于国企扭亏为盈。债转股符合新常态下我国社会改革发展的需求，有利于市场经济结构调整及现代化企业制度建设，减少企业生产成本，提高盈利能力，有助于实现产业的不断升级。

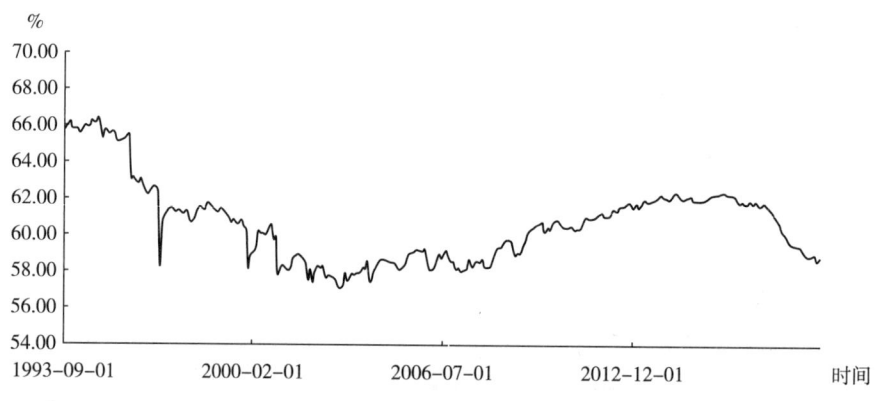

图 6-5 中国企业杠杆率情况

（数据来源：中国人民银行）

3. 两次债转股的不同

与 1999 年的债转股相比较，2016 年的债转股规模更大、范围更广，制度设计更符合我国现行经济状态。因此，两次"债转股"政策存在差异，主要表现在方式和目标两个方面。

（1）方式不同。1999 年的债转股完全是由政策性、宏观性调控的，而 2016 年的债转股则是市场化、法治化的体现，转股企业的股权债权、转股的价格标准、实施转股的机构都是由市场主体自主协商确定，资金也通过市场方式筹措，各相关市场的主体均可自主进行决策、自行承担风险，政府只进行政策支持和监管。

在债转股对象选取上，虽然市场化债转股对象基本上都是通过市场来选定的，但政府也采用了"正面清单""负面清单"来对实施企业进行引导。2016年的债转股主要支持未来发展形势好、潜力大、适应经济发展大势但暂时经营困难的企业，尤其是创新型产业。相较于20世纪90年代的债转股，2016年的债转股更关注企业潜力、未来适应能力和盈利改善可能，更强调效率，是新常态下宏观层面新的尝试。在操作运行上，政府主导型债转股是银行把债权卖给资产管理公司，再由资产管理公司将债权转换成股权；而2016年的债转股则是直接把企业的银行债权转化为银行系金融资产投资公司（AIC）对企业的股权。

（2）目标不同。20世纪90年代的债转股主要是为了达到我国三年脱困目标而推出，同时推动国企经营管理模式改革，进一步提升市场经济活力。2016年的债转股则主要是通过对相关资产进行重新整合的方式以及各个企业之间进行兼并购买的方式来达到"市场出清"效果。因此相较于20世纪90年债转股，2016年的债转股的重点任务并不是解决银行债务问题，而是推动供给侧结构性改革。20世纪90年代，我国商业银行不良贷款率高达近三成，国有银行也存在较严峻的债务危机。即使自2014年以来，国内银行不良贷款率上升较快，然而到2015年底也还不到2%。

（二）市场化债转股降杠杆效果评价

2016年的降杠杆具有明显的政府引导、市场运作特征。一是政府引导。财政政策上，出台明确降低杠杆及处置不良借贷资产的配套政策措施，简化审理流程；推行企业税务优惠措施、减免企业重组的部分税额。货币政策上，央行实行动态计量监测货币信贷的不同情况，在进行货币供给流通时将降杠杆率纳入考虑范围，提供合理的操作空间。二是市场化、法制化运作。商业银行不能直接转让股权，必须先把债权转让给相关的实施机构，再由实施机构持股经营，减轻银行因自持股份而造成的风险聚集和资本损耗太大问题，而且所有操作都是在当前法律体系下进行，无须对法律法规作出修改。

市场化债转股增量、扩面、提质效果明显。增量方面，截至2019年6月30日，市场化债转股签约金额约2.4万亿元，实际到位金额达1万亿元，资金到位率提升到41.5%，涉及资产负债率较高的200多家企业。其中，2019年以来，市场化债转股新增签约金额约3900亿元，新增落地金额约3800亿元。扩面方面，债转股业务在区域、行业、模式等方面都有所扩大，新增落地金额中装备制造业占比明显提高，钢铁煤炭行业占比明显下降，出现了交通、文化行业债转股项目，创新性地实施了非上市公众公司债转优先股项目。提质方面，市场化债转股可降低标的企业资产负债率12~15个百分点，向标的企业派驻董监事，有效深化国有企业混合所有制改革，优化企业治理结构。

市场化债转股助推化解不良债权、服务国家产业战略。一是落地的渤海钢铁、八一钢铁、北方重工、水矿股份等多个不良资产债转股项目，涉及不良贷款超百亿元，有力化解了银行不良债权风险。二是增加对民营企业的支持力度,如建银投资2019年新增完成4个民营企业项目的投放工作,合计收购企业债权17亿元,对民营企业累计投资达163亿元。三是助力新兴产业发展,主动推动战略新兴产业实施债转股,积极对接芯片、新能源、新材料领域企业。

(三) 市场化债转股降杠杆存在的问题

2017年以来,市场化债转股业务虽然取得积极进展,但稳步推进过程中也有隐忧。一方面,央行明确要求国有大型商业银行定向降准资金在2019年底前全部落地,并通过1∶1比例撬动社会资金,任务较为艰巨。另一方面,业务推进仍面临一些困难,亟待解决。

1. 较高的债转股投资风险权重制约债转股提质扩量

2018年7月人民银行定向降准,释放约5000亿元资金专项用于实施债转股。按照资本充足率监管要求不低于12.5%,以市场化债转股持有上市公司、非上市公司股权风险权重分别为250%、400%测算,若严格执行资本充足率考核,金融资产投资公司现有资本无法支持通过表内投资使用全部定向降准资金开展债转股投资。此外,金融资产投资公司作为母行全资子公司,按照监管要求,风险资产应与母行并表,全部降准资金落地预计将对国有大行资本消耗很大。初步估算,现有五大行成立的金融资产投资公司合计注册资本为540亿元,按照上市公司、非上市公司股权风险权重分别为250%、400%测算,现有注册资本仅能支持1080亿~1728亿元债转股项目;若5000亿元降准资金和1∶1配套社会资金全部到位,将占用商业银行资本金3125亿~5000亿元,约降低国有大型商业银行资本充足率0.5~0.9个百分点。

2. 资管新规出台后募集社会资金参与债转股难度较大

公募类资管产品不得投资于非上市公司股权规定要求,使筹集母行理财资金投资债转股项目受到限制。发行私募资管产品的政策配套、市场培育、业务模式、投资者群体等方面均需完善和创新,且需一定的培育期,增加了社会募资成本和难度。

目前关于规范金融机构资产管理业务的指导意见(简称资管新规)及《金融资产投资公司管理办法》赋予各大金融资产投资公司发行私募股权投资基金和资管产品募集社会资金的职能,但配套实施细则尚未出台。符合债转股业务要求的社会资金参与项目投资存在监管限制,具体包括:一是保险资金投资范围不包含债转股实施机构发行的私募资管产品,且保险资金在投资股权基金时对实际控制基金管理运营的机构限制,使得债转股实施机构难以作为基金管理人对项目进行统筹安排,难以发挥主导作用;二是养老资金(如企业年金、职业年金等)投资范围内不含私募股权投资基金和私募资管产品,无法通过金融资产投资公司发行的上述投融资工具参与市场化、法治化债转股业务。

3. 市场化债转股退出制度安排有待完善

首先,监管机构尚未出台针对市场化债转股退出机制的管理要求和实施细则。其次,目前缺乏便捷、直接的股权退出渠道。债转股企业行业分布分散,规模大小不一,无法完全依赖资本市场上市集中退出。对于非上市公司股权资产,目前仅在个别地区存在区域性的股权交易中心,在全国范围内无统一的股权交易平台。

4. 项目多为"明股实债",真实股权投资较少

以基金模式实施的债转股项目在退出方面多约定了较强的回购条款,部分金融资产投资公司不要求企业按股本分红,而是要求每年给予保底收益率,这仅从账面上降低了企业负债率,但却进一步掩盖了风险,还可能增加企业财务费用。究其根源:一是在前期刚性兑付的环境下,无论是理财资金还是其他市场化资金,要求安全性和回报率均较高,打破刚兑后,培养参与债转股的合格投资者可能仍需时日;二是部分资本上市尚不成熟,通过资本市场退出仍较为艰难。

5. 选择合适标的企业较为困难

为降低风险,实施主体在选择标的企业的时候往往坚持龙头策略,但该类企业往往转股意愿不高。转股意愿高的往往又不是优质企业,甚至一些企业希望利用债转股逃废债。从目前的情况看,签约、落地的项目绝大多数为地方国企、央企,民企很少。

六、混合权益工具降杠杆的典型案例和启示

(一) 重庆××企业降杠杆案例

1. 案例背景介绍

重庆××企业是集玻纤产品研发、生产、营销为一体的大型跨国公司,是拥有全球 15 条生产线的我国大型玻纤生产商。公司大股东是 A 集团,持股比例为 73.69%。

1999 年,A 集团收购了重庆××企业,并以重庆××企业为主体。目前,重庆××企业为 A 集团的第二大业务板块,占集团总资产近 11%,也是 A 集团重点打造的利润来源。

A 集团是当地政府积极推动地方国企进行混合所有制改革的重点企业,建设银行积极参与并推动相关改革,确定了以债转股为核心,同时引入民营资本、员工持股的混合所有制改革方案。2016 年 12 月,建设银行、当地国资委、A 集团签署了"债转股合作框架协议",选取了重庆××企业作为混改及债转股首期合作的重点项目。

2017 年 12 月,建信投资与重庆××企业签署了"增资协议",项目总投资 5 亿元,以增资扩股的方式投向企业,投资完成后,持有标的公司 9.3721% 的股权,并约定有权向标的公司派驻一名董事和一名监事参与公司治理,资金用于偿还标的公司有息负债。

2. 转股前公司存在的困难

2010 年前,玻纤行业高速发展,全球复合材料需求快速增加,玻纤出厂价格始终维持在高位。重庆××企业产能持续提升,净利润达到了 3.34 亿元,相当于国内其他玻纤同业净利润总和。2010 年后国内产能投放进入高峰期,供给过剩,玻纤价格走低,重庆××企业业绩开始大幅下滑,资产负债率持续攀升,由 57% 持续上升至 70% 以上,2013 年开始持续亏损,资金链紧张,没有资金用于冷修和技改,生产工艺开始落后于

同业，整体陷入困境，且一直未得到改善。

除受行业周期等因素影响，公司还存在以下两方面困难：

一是公司治理不健全，缺乏有效的监督，管理粗放。转股前公司是由A集团绝对控股，公司治理缺失、管理层监督不足；公司海外盲目投资，且一直未能达标达产，拖累公司业绩；公司内部管理粗放，三费持续增长，高于同业水平。

二是大股东资本投入少，对重庆××企业支持力度弱，公司财务负担较重。2010—2016年公司大股东A集团受宏观经济影响，经营困难，资金紧张，无力为公司注入新的资本支持其发展，公司的发展主要依靠债权融资，资产负债率始终维持在70%以上。

3. 项目特色及实施效果

重庆××企业以"发股还债"方式实施债转股。实施债转股后，重庆××企业不仅杠杆率降低了约9个百分点，而且公司治理结构得到了改善，经营效率大幅提升。

一是降杠杆成效明显，成本管控能力进一步加强，营业收入、利润总额、经营性净现金流三项指标均创公司历史新高。债转股实施后，公司积极调整债务结构，截至2018年末公司的资产负债率为62.28%，较年初下降8.68个百分点，减轻了公司兑付的压力，化解了债务风险；营业收入同比增长5.85%，实现利润总额同比增长158.12%，实现净利润同比增长134.41%，实现经营性净现金流增长129.65%，公司整体经营情况持续好转。其间，销售费用、管理费用和财务费用及营收占比分别为6.17%、6.94%和5.90%，三费合计占比同比下降2.9%，公司成本管控水平得到进一步的提升。

二是引入新的股东，解决了一股独大的局面，提高了公司治理的规范性。债转股实施前，重庆××企业股东由2家公司组成，且由A集团绝对控股，持股比例达到95.88%，公司治理一股独大，缺少制衡，监督不足。债转股实施后，公司新增4家股东，其中建信投资和中国信达为债转股投资，新股东的引入，使A集团持股比例降为73.69%，在公司进行重大的投资、融资、对外提供担保、关联交易等方面，4家新增股东可联合行使否决权，对A集团形成有效制约，进一步优化了公司治理结构，提升了公司的决策水平。

三是利用股东身份，积极推动员工持股，激发公司内生动力。重庆××企业债转股实施的同时，建信投资建议公司实施核心员工持股。通过外部引资与员工入股的实施，不仅大幅改善了公司的资本结构，降低了公司的资产负债率，还从根本上激活了公司改革发展的内生动力，员工工作积极性得到了极大的提高，为公司的长远发展奠定了坚实的基础。

四是公司精细化管理水平稳步提升，管理效果逐渐显现。转股前，公司管理粗放，企业内部存在制度缺失、有章不循等现象，转股后，建信投资敦促企业加强内部管理，细化规章，严格执行提升精细化管理水平。例如，应收账款问题长期困扰企业，导致企业坏账损失大，资金成本和管理成本增加，盈利能力下降。转股后，建信投资敦促企业修订《应收账款管理制度》，完善应收账款事前风险控制流程，严格执行客户信用限额管控制度，严密防范不良应收账款风险，构建应收账款动态管理信息系统，实现财务与业务的实时信息分享，强化应收账款过程管控。全年应收账款周转天数同比下降5天。

五是公司精简机构，优化岗位配置，提高运行效率。债转股实施后，建信投资积极与公司商定公司治理改革方面的措施，并敦促公司执行。通过组织机构调整，公司原有内部组织机构由33个调整为22个，督促人力资源部重点梳理非直接生产岗位人员配置情况，优化岗位设置和人力资源配置，进一步完善、修订岗位工作标准，提出了转岗分流150人至一线生产岗位的目标，极大提高了公司运行效率。

（二）上海××集团降杠杆案例

1. 案例背景介绍

上海××集团作为中国最大的综合性装备制造企业集团之一，在新能源及环保设备制造、高效清洁能源设备制造等多个业务领域均处于龙头地位，2006年被国家发改委评为"在振兴装备制造业工作中作出重要贡献"单位之一，2007年度获得中国品牌影响力十大自主创新品牌称号，2012年度获得上海十大品牌，2013年成为全球新能源企业500强。

2. 降杠杆前企业困难

上海××集团作为一家综合性装备制造业集团，虽然处于领先的市场地位，但也面临其他大型企业的竞争，且产品的交付周期较长，对于流动资金的需求量较大。同时按照新的五年规划，上海××集团对外扩展规模不断加大，企业转型升级过程中，对长期资本性资金的需求较大。

3. 项目实施特色

本项债转股业务采取"发股还债"模式，由工银金融资产投资有限公司（以下简称工银投资）、交银金融资产投资有限公司（以下简称交银投资）和中银金融资产投资有限公司（以下简称中银投资），分别向上海××集团下属的五家子公司（以下合称为标的公司）进行现金增资100亿元，增资资金用于偿还公司或标的公司的金融机构借款，具体如表6-6。

表6-6 债转股实施情况

标的企业	增资金额（亿元）				增资后持股比例（%）			
	工银投资	交银投资	中银投资	总额	上海××集团	工银投资	交银投资	中银投资
××-1	4.5	4.5	—	9	80.6	9.7	9.7	—
××-2	10	10	10	30	51.7	16.1	16.1	16.1
××-3	10	10	5	25	60.6	15.8	15.8	7.8
××-4	8	8		16	51.2	24.4	24.4	—
××-5	10	10	—	20	57.8	21.1	21.1	—
合计	42.5	42.5	15	100				

除一家子公司偿还自身债务外,其他四家标的企业增资资金均通过公司间有息借款的形式借予上海××集团,用于归还上海××集团存量金融机构债务。持股期间,上海××集团若拟通过发行股份购买资产的方式购买工银投资、交银投资和中银投资所持的标的公司全部或部分股权,三家债转股实施机构有权根据市场环境,结合标的企业和上海××集团情况进行综合判断,决定是否上翻持有上市公司股票;本次业务投资满5年止,若三家实施机构未成功转为持有上市公司股票,可以根据市场环境及企业情况选择向上海××集团或者第三方转让全部标的股权。

4. 项目实施效果

一是上海××集团资产负债率和财务成本下降。本业务实施后,五家标的公司权益资本增加,资产负债率显著下降。按照整体市场化债转股规模100亿元计算,债转股实施后,上海××集团整体资产负债率将由66.30%下降2.05个百分点至64.25%,每年节约财务成本近4亿元。

二是增强企业核心竞争力和可持续发展能力。实施债转股不仅有利于降低上海××集团利息支出,缓解资金压力,提升盈利能力,还将提高上海××集团权益融资比重,增强企业的核心竞争力和可持续健康发展能力。

(三) 山西××集团降杠杆案例

1. 案例背景介绍

山西××集团是国家规划的13个大型煤炭基地中晋东煤炭基地的重要组成部分,是19个首批煤炭国家规划矿区之一,也是我国优质无烟煤重要的生产企业、全国最大的煤化工企业集团和全国最大的煤层气抽采利用企业集团、全国最大的瓦斯发电企业集团和山西最具活力的煤机制造集团。

2. 降杠杆前企业经营困难

随着山西××集团规模的不断扩张以及多元化经营发展,集团杠杆率阶段性地出现升高,山西××集团近三年的资产负债率最高已达85%左右。为有效降低企业杠杆率,实现国有企业股东多元化,促进国有企业体制机制改革,工商银行积极响应企业市场化债转股需求,拟通过增资入股还债的方式降低企业资产负债率,同时发挥双方在各自行业领域的战略优势,互通协作,增强企业中长期发展韧劲和竞争力。经与企业协商,本项债转股业务由工银投资与山西××集团下属控股子公司合作开展。

3. 项目实施方案

工银投资以自营资金9.99亿元,工银资本通过私募基金募集资金5.01亿元以增资扩股的方式投资于山西××集团下属控股子公司,资金主要用于归还山西××集团其他子公司的存量债务,以降低山西××集团整体的资产负债率及财务成本。投资期为$3+N$年,投资收益来源于股息分红。工银投资可等待山西××集团下属控股子公司通过IPO等方式登陆资本市场后在二级市场退出,也可通过减资、大股东协议受让或者转让给第三方等方式退出。

4. 项目实施效果

一是优化资本结构,加强资产负债约束。工银投资牵头的 20 亿元债转股资金到位后,山西××集团控股子公司资产负债率由 51.08% 降至 44.25%,每年可为山西××集团节约财务费用约为 1.31 亿元。工银投资要求山西××集团制定明确的资产负债率约束,在工银投资持股期间,山西××集团的资产负债率不超过 82%。投资完成后,工银投资参与山西××集团控股子公司治理,企业的重大投融资方案须经工银投资同意方可实施,有效防止了企业过度融资。

二是完善公司治理结构,建立健全决策机制。本项债转股业务实施后,工银投资依法获得股东身份并享有股东权利,包括但不限于资产收益权,重大决策权,委派 1 名董事、1 名监事等。工银投资将依法行使股东权利参与企业公司治理,山西××集团控股子公司的投融资、对外担保、资产转让等重大事项决策须经工银投资同意。

(四) 湖南××集团降杠杆案例

1. 案例背景介绍

湖南××集团具备实际年产钢 2400 万吨的能力,跻身中国前十大钢企之列。在岗职工 2.5 万人,资产总额约 1100 亿元。2016 年末,湖南××集团资产负债率高达 84.06%,综合融资成本 5.2%,一年以内到期借款占比 87% 左右,每月需倒贷、转贷、续贷 50 亿元以上。

2. 降杠杆的主要措施和实施效果

湖南××集团降杠杆主要做了三个方面的工作。

一是通过"明股实债"方式实现报表层面降杠杆。借鉴永续债、可续期债券等融资方式,创新性提出可续期权益投资方案,引入浦发银行降杠杆权益资金 45 亿元和三个地市国有投资者 100 亿元权益性投资。

二是通过并购重组实施市场化、法治化债转股。引入 6 家合格债转股实施机构真正的权益性资金 32.8 亿元,真正实现企业降杠杆、防风险。

三是处置不良、低效资产,降低债务规模。为缓解资金压力和债务风险,优化资产整体质量和运营效率,湖南××集团将资产负债率较高的子公司以资产包的形式,公开挂牌转让。

截至 2019 年 6 月末,湖南××集团资产负债率已降至 61.77% 左右,较 2016 年末大幅下降 22% 左右。短期限融资为 254 亿元,短贷占比降到 57%,较 2016 年末下降 30%。综合融资成本 4.9%,较 2016 年末降低 33 个基点。抗风险能力得到明显提升,为高质量发展打下了坚实基础。

(五) 相关启示

1. "发股还债"方式在实践中更具有操作性

债转股具体操作方式主要分为"收债转股"和"发股还债"两种形式。相比"收债转股","发股还债"有以下两个优势。

一是业务落地相对容易。在"收债转股"形式下,如果债务质量较好,则债权人出卖的动力不足；如果债务质量较差，则金融机构没有购买的动力。相比之下，"发股还债"形式下，金融机构主要评估标的企业发股还债后的未来预期收益，其与标的企业之间的交易更易达成，而标的企业在还债阶段则依据债务的原始金额偿付，更好地保护了债权人的利益。

二是流程相对简单。"收债转股"主要涉及收债和转股两个步骤，其中涉及债权和股权的定价，以及债权如何转换为股权。相比之下，"发股还债"则主要涉及股权投资，债转股实施机构主要是对标的企业股权进行评估，以确定投资价格。

2. 引入外部国有资本降杠杆可提升企业治理水平

国有金融机构作为债转股实施机构有助于提升标的企业的公司治理水平。

一是债转股标的企业多为国有企业。国家发展改革委数据显示，截至 2019 年 6 月底，在落地金额中，属于中央企业的金额约为 3500 亿元，属于地方国企的金额约为 6200 亿元，属于民营企业的金额约为 268 亿元。

二是国有企业的公司治理受到同级政府的影响。在我国，地方国资委监督地方国有企业的运营，中央国资委监督中央国有企业的运营。而且，国有企业的管理层都有相应的行政级别，其对公司的管理可能会更多受到同级别政府部门的影响，民营资本进入不能很好地完善股权层面的制衡机制。

三是外部国有资本有助于在股权层面形成制衡机制。债转股实施机构以副部级金融央企为主，其对标的企业实施债转股后，参与到标的企业的公司治理之中，能比较有效地行使其股东的权利，从而在股权层面形成制衡机制，促进标的企业规范发展。

3. 通过直接对子公司注资可提高交易效率

通过对标的企业的子公司直接实施债转股有助于缩短委托代理链条，直接提升债转股的效率。

一是很多标的企业杠杆过高主要源自子公司。目前，很多标的企业呈现出集团化的经营趋势，这些企业集团的资产负债率较高，可能主要源自子公司层面的经营管理不善，需从子公司层面解决其杠杆率过高的问题。

二是对子公司直接注资可缩短交易链条。如果仅从集团层面实施债转股，那么投资方需经过集团层面去影响子公司层面的经营投资决策，委托代理链条过长。如果直接对子公司进行债转股，则债转股实施机构可直接参与子公司经营管理，其股东权利更易得到保障。当然，债转股实施机构还需要基于风险和收益的考量，评价子公司未来的盈利前景，以作出合理的投资决策。

第七章 混合权益性金融工具的国际经验

一、境外可转债市场经验

境外可转债市场发展历史较久，发行交易量大、品种繁多，可满足多种类型投资者的需求，是金融市场的重要组成部分。本节将对美国、中国香港特区和中国台湾地区的可转债市场现状和特点作以介绍。

（一）美国可转债的制度和实践

美国市场可转债发行人主要分布在高成长高风险型行业（如IT和生命科学行业）、资本密集型行业（如医疗保健和电信行业）以及资本成本较大行业（如消费品和金融行业）。可转债市场为这些高增长高风险行业提供了大量资金，为产业发展提供了强有力的支持。

1. 发行制度

在美国市场上，可转债的发行有公募和私募两种方式。可转债的交易方式采取做市商机制，通过柜台交易市场（OTC）进行交易。美国可转债分为两种：一种是非注册可转换债券，依据美国证券交易委员会（SEC）的144A法则发行，且只能由合格机构投资者（QIBs）购买；另一种是SEC注册的可转换债券，一般投资者均可购买，该类可转债占美国可转债市场的80%以上。为了把握市场发行时机，大部分上市公司可转债初次发行是通过私募市场实现，在初次发行之后，很大一部分私募的可转债会选择在SEC注册获得公开发行。

美国法律体系将可转债的发行权限划归于公司董事会，无须股东会同意。例如纽约州、加州、密歇根州等地的公司法均规定，董事会拥有发行可转债的专属权。

2. 期限和收益率

美国市场可转债期限范围半年到30年不等，大多集中在3~10年；通常设计的票面利率为同等风险情况下市场利率的2/3左右，票面利率大体在0~5%。

美国可转债市场转股溢价率指数与股票市场指数之间具有明显的负相关性，在股市行情好的时候可转债市场转股溢价普遍较低，股性强；而在股票市场走弱的时候，转股溢价率大幅上升，债性强。同时，美国可转债市场到期收益率指数与信用价格指数走势相反。如2008年下半年，整个市场恐慌情绪高涨，违约价格指数大跌，相应的违约溢价率大幅上升时，可转债的到期收益率也大幅上涨；而其他时候，信用价格指数较高时,也即市场的违约溢价较低时,可转债指数一般在 0 附近波动。

3. 赎回、回售和转股价调整条款

赎回是指发行人在发行一段时期后,可以按照赎回条款生效条件,提前购回其未转股的可转债。对发行人来说,赎回是权利而非义务。设置赎回条款主要是为了加速转换过程,避免市场利率下调给发行人带来利率损失,保护发行人和原有股东权益,因而有利于发行人。

赎回条款可分为软赎回(soft call)和硬赎回(hard call)。软赎回指满足一定条件下,通常发生在标的股票市价持续一段时间高于转股价格且达到某一幅度时,公司按事先约定的价格买回未转换的可转债;硬赎回则规定达到一定时间后,公司就有权利赎回债券。美国的赎回条款相较我国更加宽松,除软赎回外,往往还有硬赎回,即公司在其债券发行若干年(通常是 5~7 年)后有权全部或部分赎回可转债。当然,作为补偿,发行人有时也会设定硬赎回保护条款,即规定若干段时间内公司不可以赎回可转债。

回售条款是发行人为了吸引投资者而为投资人提供的一项保护条款。当公司股票表现不佳且低于转股价格时,持有人不愿执行转换权利,此时投资人可依据事先约定的条件按高于面值一定溢价的价格卖回给发行人。美国可转债的回售条款颇为严苛,多数可转债只有公司违约时才可回售,而且相关条款也并未保证向投资人完全偿付。值得一提的是,美国还有附加恶性回售条款的可转债。恶性回售期权给予债券持有人在公司控制权发生改变时退还债券、得到预定数量现金的选择权。

转股价调整条款在美国一般只适用于发行公司股份发生实质性变化的情况,如导致公司股本增加的送股、转增股、增发新股和配股等。

4. 担保

在美国债券市场上,可转债被视为无抵押公司债券,通常不需要附加担保条件,投资风险完全由投资人承担。当然,个别情况下,也会存在担保或有抵押品的条件。

(二)中国香港可转债的制度和实践

中国香港的可转债市场起步于 1993 年,当年 5 月新世界发展股份有限公司通过商人银行第一波士顿率先发行 1.5 亿美元有担保债券和认股证,开启了在港公司发行可转债的序幕。随后,牛奶国际、怡和策略及九龙仓等大型上市公司相继仿效,通过怡富、罗拔富林明和摩根史丹利等英美财团先后发行美元可转债,自此中国香港掀起了可转债热潮。

1. 发行制度安排

港股可转债通常以美元、港元或人民币标价,采用美元或人民币标价的可转债,交易价格与标的股票货币不一致,对投资者而言相当于做多了一个汇率期权。

近半数港股可转债选择在外地交易所(主要是新加坡交易所,也有马来西亚交易所、法兰克福交易所等)上市,部分在香港交易所上市,其余并不上市交易。但值得注意的是,许多可转债上市交易的同时也在 OTC 市场交易,而且以 OTC 市场交易为主。港股可转债交易主要集中于 OTC 市场，交易所市场鲜有成交。

港股在发行时通常会授予承销商一个"绿鞋期权"，承销商在可转债上市后一段时间内，可以择机按同一发行价格发行比预定规模多一定额度的可转债。

2. 面值、期限、赎回价

港股可转债的面值与 A 股可转债不一样，后者面值为 100 元人民币，而前者在发行时面值不确定，可以是 500 美元，也可以是 2000000 港元等。

港股可转债通常为固定票息且票面利率较低，并且与美国转债市场一样，许多港股可转债将票息设计为零。A 股可转债通常每年付息，港股可转债的付息频率基本为半年付息。

港股可转债的期限集中于 2~7 年。在到期赎回价的设定上，多数港股可转债采用了以面值100%加累计利息的价格，但有少部分可转债的到期赎回价较高，可达面值的120%以上。

3. 转股和转股价格调整

港股初始转股价通常比发行时市价有25%~35%的溢价，溢价程度明显高于 A 股可转债初始转股价的设定。在转股期限设定上，港股可转债比 A 股更为多样，通常会更早进入转股期（一般为 1~2 个月），但也存在发行次日即进入转股期，或发行后多年才进入转股期的情况。

港股可转债的转股价格不会因股票二级市场波动而调整，转股价格的调整通常发生于以下两种情形：一是发行公司股份发生实质性变化，如导致公司股本变动的拆分、合并、送股、转增股、增发新股和配股等；二是发行公司股东权益发生变化，最为典型的是现金股利的派发。针对第一种情况港股可转债基本都设定了转股价的调整条款，以调整由于股份稀释引起的标的股票价格变动；对于第二种情况，港股可转债没有统一标准，多数设定了对现金股利进行转股价调整的条款。

港股可转债的股性和债性根据股票二级市场情况而定。当正股股价下跌时，转股价值便迅速下跌，由于缺乏转股价的修正条款，可转债的股性就会变得很弱，可转债价格由债底支撑；而此时若公司信用风险也上升，到期收益率飙升，债底价值下跌，公司可转债价格也会随着债底大幅下跌。总体而言，在 2008 年正股和可转债价格双双大跌之后，港股可转债市场债性凸显。

4. 回售和赎回条款

港股可转债的回售条款多为无条件回售，即无特别原因设定回售，通常设定为在一个特定日期（通常为发行日的某个周年日）允许投资者按一定价格将可转债全部或部分卖给公司。

港股可转债大部分设计有软赎回条款，少部分也有硬赎回条款。此外，与 A 股可转债一样，港股可转债亦有清结选择权（clean – up call），当可转债余额低于发行总额一定比例（通常为 10% 或 5%）时，发行人有权赎回剩余所有债券。

（三）中国台湾可转债的制度和实践

中国台湾地区的可转债募集资金主要用于高成长高风险型行业，其中电子类高科技行业居首,其次是建筑业和钢铁业;传统行业占用资金比重明显下降,半导体等电子行业所占比重显著增加。可转债筹资为中国台湾地区电子产业的迅速发展提供了有力支持。

在中国台湾地区,可转债发行权归属公司董事会,无须股东会决议承认,只需过半数出席董事认可募集原因。但是,公司发债金额受到限制,发债总额不得超过公司现有全部资产减去全部负债及无形资产后之余额;对无担保公司,则不得超过该余额的1/2。

1996年后,中国台湾地区可转债的承销方式改为"询价圈购"(book building)。在该模式下,主办承销商为探询市场接受程度,先行与发行公司议订承销价格可能范围,以圈购单得知投资人认购意愿;在汇总认购情况后,与发行公司议订最后承销价格。该发行模式的最大特点是发行人与承销商共同协商,以决定如何分配可转债的认购权。询价圈购较其他承销方式更具市场效率,除降低折价幅度外,也可改善融资上市后股价波动过大的问题。

在中国台湾地区,私募可转债一般是记名债券。除特定情况外,可转债锁定期为三年,对于可转债转换的普通股,自可转债交付日起满三年后方能交易。

二、境外永续债市场经验

永续债在境外发展已较为成熟,市场参与度较高。本节将对境外永续债的发展经验,特别是亚洲永续债的现状和特点做一介绍。

(一)国际永续债市场发展概况

永续债券起源于荷兰。1648年,荷兰政府为弥补其维修莱克河堤坝产生的财政赤字,发行了没有到期期限的债券,这是现存最古老的永续债券。此后,为筹集战备资金,英、法诸国发行了没有期限的国债,当时称为"筹措战费型公债",此类永续债带有浓厚的政治强制色彩,信用很差。

金融机构是永续债的发行主力。最近十年,境外永续债发行规模大幅上升。当然,相对债券市场整体而言,永续债仍是"小众"品种。境外永续债的非政府发行人主要包括金融业、工业、公共事业和能源等,其中,金融行业是永续债的发行主力,规模占比约64%。截至2019年2月,全球债券市场共计存续3807只永续债,余额经汇率折合为1.22万亿美元,境外永续债发行行业分布详见表7-1。

表7-1 境外永续债发行行业分布

行业	余额(亿美元)	占比(%)
金融	8260.64	63.98
工业	1062.21	8.23
日用消费品	749.72	5.81
公用事业	747.62	5.79
非必需消费品	641.03	4.96

续表

行业	余额（亿美元）	占比（%）
能源	566.01	4.38
原材料	475.35	3.68
通信	269.44	2.09
技术	54.82	0.42
医疗	45.00	0.35
政府	40.30	0.31

数据来源：Bloomberg，截至2019年2月。

发行永续债的动机主要是提升信用评级、修饰财务报表和锁定资金期限。一是对濒临信用评级调降的公司来说，永续债偿付顺序靠后，可提升发行人的信用评级。尤其是2010年亚洲发行的永续债，很多都是用于提升公司信用资质，避免评级公司下调评级。二是修饰报表，以免触及贷款或其他债务违规条款。境外不少贷款预设了发行人负债率上限，而永续债可被作为权益计入资产负债表，因此可以更低成本化解企业违约风险。三是锁定长期限融资资金，同时发行人可通过设置赎回权等掌控实际期限。

在评级方面，境外永续债信用评级通常在发行主体信用评级基础上至少退两级。其中，因永续债的次级属性下调一档，因其票息递延特性等再下调一档。永续债期限很长，一般来说偿还顺序比较靠后，约定在企业破产清算时其偿付顺序等同于普通股，而且很多永续债为满足监管要求而规定延期支付或者不支付利息不构成违约。不过，如果股票特性较强或存在强制性的延迟票息条款，下调程度可达三档。反过来，有些永续债条款设计更接近优先级债券，因而其评级仅下调一级甚至不下调。此外，由于境外永续债可以不评级，因此无评级的永续债也占了很大比重。

在性质方面，境外对永续债的法律性质认定、会计处理认定和监管认定之间往往存在一些差别。永续债在法律上一般仍被认定为负债，是发行人的债务，持有者享有债权人的权利。在会计处理上，各国会计准则对金融工具应当被认定为负债或是权益的原则趋于一致，即按照该金融工具的实质，而非法律性质进行划分。所谓"实质"主要是看发行人是否有在未来偿还本金的义务，若有这样的义务则被认定为负债，否则认定为权益。由于永续债兼具股性和债性，因而在认定其性质时，关键点就在于其赎回在多大程度上由发行人决定。如果发行人有非常大的决策权，一般表现为票息跳升很低，那么就将其视为权益，否则即为负债。国际会计准则理事会（IASB）强调了几类金融工具的划分，其中对于永续债指出，当它满足"只能在发行者主动赎回或者清算时才能得到偿付"时，就应当列为权益。在实践当中，可以看到汇丰等发行的永续债都在会计处理上列为权益，而非负债。此外，对于永续债能否计入会计报表中的权益，境外评级机构也都有严格规定。其中，最为实质的判断标准在于产品的有效期限是否真的为"长期"，即永续债投资者的利益与股东是否更为接近。比如标普的要求非常严格，即便有RCC条款（赎回前需要进行股权或相似证券融资），如果赎回期后票息上浮超过100基点（高等级）、200基点（低等级），那么也视为发行人有很强烈的动力在赎回日赎回永续债,从而将赎回日视为有效到期日。如果没有 RCC 条款,这一门槛将降低至 25 基点。在有效到期日前 20 年,该永续债不能计入权益。

从发行货币来看,永续债分布十分集中,欧元是第一大类,其次是美元和英镑,前三种货币发行的永续债占发行总数的 70.5%。在发行人所属行业方面,银行业发行人占一半以上,其次是非银行金融业、公共设施和政府机构,其他行业发行量较少。

在回报方面,境外永续债券普遍拥有较高的票面利率和收益率。从境外市场经验看,永续债的赎回收益率与无风险利率的利差较可比普通债券高出一倍以上,绝对水平也略高于长期限普通债。张继强等(2013)的研究表明,永续债平均票面利率约为 5.28%,票面利率超过 10% 的占到整个样本的 7% 以上。动态地看,境外永续债与无风险利率利差水平的影响因素一般包括:信用评级、优先级债券信用利差、股息增长率等股票信号、赎回条款及其他产品结构因素。

(二)亚洲永续债的制度和实践

亚洲在 1983 年只有 2 只永续债发行,进入 21 世纪后,亚洲永续债市场获得了飞速发展,2009 年全年发行 42 只,此后年发行量始终在 35 只以上。尤其是美国量化宽松(QE)导致热钱涌入亚洲且私人银行对永续债的认可度提升之后,永续债的需求状况在最近两年有了明显好转。

近年来,亚洲永续债投资者呈现出"多零售、少机构"的特征——机构投资者对永续债的需求不强,而零售客户(如私人银行)是主要需求群体。有数据表明,2010 年以来 65% 的亚洲永续债都卖给了零售客户。这一方面是因为亚洲永续债发行人通常是知名企业(如中国香港长江基建、日本新日铁等),在零售客户中存在较高的信誉度,票息水平也具备很强的吸引力。另一方面源于机构投资者的顾虑,主要包括:一是亚洲多数永续债没有信用评级,这导致很多跟踪指数的机构不愿或不能买入这些债券;二是这些债券的期限较长,存在次级属性,无担保,且流动性不佳,如果票息不能给予足够补偿,那么投资特性一般;三是亚洲永续债进入赎回期后的票息上浮一般较低。这意味着赎回与否存在着很大的不确定性,发行人拥有更大的决策权,从而导致永续债的实际期限较长且利率敏感度很高。

三、境外优先股市场经验

19 世纪中叶,优先股在英国诞生。当时,英国铁路公司因缺乏资金,工程中断。原有股东不愿再行投资,发行普通股无法吸引新的投资者参与,对外举债又恐将来无力负担须按期偿付的利息与本金,并且由于当时政府对债权融资比例的限制,铁路公司被迫发明了优先股这一创新融资工具。如今,优先股在国外的发展已相对成熟。

(一)欧洲国家优先股制度和实践

1. 英国

英国是优先股制度的发源地。1985 年英国修改公司法后,公司被要求必须有备忘录和公司章程两份文件,这两份文件相当于"公司的宪法",载明了公司全部基本信息，约定了各类规则条款。英国的优先股制度属于典型的授权型立法，主要以公司备忘录或公司章程为准，将其作为判断优先股股东权利以及优先股种类的依据。

2. 法国

法国公司法规定，优先股可赋予其持有人优于其他股份的分配股息权。优先股主要在增加资本时发行，目的是吸引新的认股人。有时，在增加了收益优先权的同时，也相应要求持股人放弃表决权。持有这种股票的股东将组成"专门股东大会"，凡是要变更他们的权利，事先都需得到专门股东大会同意。但只要在这种股票发行时就作出了明确规定，公司也可强制回购优先股股份。

为防止公司过度发行优先股，致使少数普通股股东掌握公司控制权，法国对发行优先股的条件作出了严格限制：非上市公司发行的优先股总量限制在公司资本总额的50%以下，上市公司发行的优先股总量不得高于公司资本总额的25%。另外，法国亦对优先股的持有人进行了限制，规定股份有限公司的董事长、董事、总经理、经理和监事会成员，以及股份两合公司的经理和他们未分居的配偶以及他们未解除监护的未成年子女，不得拥有公司的优先股。

法国允许公司章程规定优先股是否带有表决权，同时规定，如果公司在三个会计年度未全部支付应向优先股股东支付的股利，那么优先股股东按照其持有股份在资本中所占份额，获得与其他股东相等的表决权。此外，公司章程可赋予公司赎回全部优先股或部分优先股的权利，并且只有在章程事先约定的情况下，公司才可赎回此优先股。优先股的转换和赎回须经特别股东大会表决通过。

3. 德国

德国的优先股制度源于1839年修建柏林—波茨坦铁路时，铁路公司通过优先股募集资金。在一战后为避免外国资本的控制、纳粹时期对私营企业改制以及20世纪60年代改造家族企业时，德国均出现过使用优先股的高峰。

在德国，优先股可作为没有表决权的股票发行，但这并非强制规定。如果公司要发行没有表决权的优先股股票，那么必须至少得到3/4股东同意。同时德国规定，如果公司在一年内没有支付或者没有完全支付优先款项，并且在下一年度不能补交上一年度的拖欠款，那么优先股在公司补交之前有表决权；在公司无法支付股利超过两年的情况下，无表决权的优先股自动具有表决权，直到公司偿付所有拖欠股利为止。

(二) 亚洲国家优先股制度和实践

1. 日本

日本规定，当股份公司发行优先股时，无表决权优先股和限制表决权优先股的总数超过公司股份总数1/2的，公司必须立即采取措施，将表决权限制类股份数量控制在已发行股票总数的1/2以下。

在日本，优先股又分为累积优先股和非累积优先股，以及参加优先股和非参加优先股。对于累积优先股，在公司当年盈余不足以按预先约定的股息率分配时，可将未分配部分移到下一年累积计算。参加优先股可在按约定的比例分得股息后，继续参加普通股分红，股东自益权比非累积和非参加优先股都大。累积和非累积优先股，以及参加和非参加优先股之间还可有不同组合，如非参加的累积优先股就近似于公司债券，将其与赎回权和无表决权权结合，则更与公司债趋同。

2. 印度

在印度，公司发行的优先股均为可赎回优先股。该国同样以"公司章程至上"为基本原则，公司发行优先股的方式和规则均以公司章程为依据，继承了英国公司法的精髓，同时借鉴学习了美、法、德等国的相关规定。

（三）美国优先股制度和实践

1. 发行条件

美国相关法律严格规定了发行优先股的公司限定条件，只有股份有限公司并且人数不低于100人的公司才被允许发行优先股；对于规模比较小、股东数量比较少的、人数不足100人的股份有限公司只允许发行普通股，不允许发行优先股。换句话说，在美国只有大型股份有限公司才被允许发行优先股。

美国发行优先股最多的行业主要是金融和地产业，占比达88%以上，医疗、公共事业、能源和科技等行业亦占有一定比重。

2. 交易与转让

在美国，优先股交易一般通过协议转让方式完成，主要是在柜台交易市场（OTC）进行；公开发行上市的优先股通过证券市场进行交易。

美国优先股付息周期相对灵活，股利通常固定，但可根据市场利率进行浮动。从统计数据看，多数美国已发行优先股的股息率在5%~9%，因为美国的利率水平比较低，所以优先股融资成本一般高于股票和债券。因此除非迫不得已，企业不会以如此高的财务成本发行优先股，优先股只是企业出现资金短缺或并购收购时采用的融资方式。

此外，美国优先股投资者主要是风险基金等机构，均以长期投资为主，这就决定了优先股上市后的流动性相对较差。

3. 回购、转换与赎回

回购请求权条款就是在优先股合同中，给予优先股股东以合理的价格回购股份的权利。在美国，优先股投资者通常被赋予回购请求权，这是保护优先股股东利益的一项举措。当企业不能上市或放弃上市时，优先股股东有权要求退出，从而实现投资回收。

美国允许发行可转换优先股。不过美国大部分优先股为不可转换优先股，占比超过90%。此外，美国发行的优先股大部分是可赎回优先股，占比亦超过90%。

4. 表决权和信息披露

美国优先股股东除享受基本权利外，亦可对特定事项参与表决。特定事项表决权通常是企业维持控股地位、抵御收购的一种方式，同时有利于提高优先股的吸引力和调动优先股股东的积极性，提升企业治理水平。

美国股市自20世纪80年代就形成了信息披露制度，此后一直在不断完善和规范。在美国，上市公司的信息公开透明和及时披露是最基本的要求，优先股发行方必须严格按要求进行信息披露。

四、境外债转股业务经验

20世纪90年代末和2016年以来，我国先后实施了两轮债转股，特别是在2016年以来的债转股中，中国人民银行以定向降准为推进剂，引起市场广泛关注。其实，债转股并非中国首创，美国、拉丁美洲国家和东亚国家等在债转股方面也有着丰富的实践经验。

（一）美国的债转股实践

美国集中实施债转股可分为两个主要阶段，即20世纪80年代的储贷危机和2008年的次贷危机。

1. 储贷危机时期债转股

储贷危机，全称为"储蓄和贷款协会危机"，指20世纪80年代由于企业经营危机而导致美国发放贷款的储蓄和贷款协会（以下简称储贷协会）陷入破产和倒闭的困境。20世纪80年代中期，由于油价和房价下跌，违约事件频发，储贷协会和部分银行大量贷款无法收回，不良资产激增，危机就此爆发。到1988年美国接近1/3的银行和储贷机构出现巨额亏损，超过1400家金融机构不良贷款持续高企，对银行业发展造成严重影响。债转股便是美国当时化解危机的主要选择之一。

为此，美国专门成立了资产重组信托公司（RTC）处置问题资产。当负债企业无力偿还贷款面临破产时，作为债权人的银行或储贷协会既可选择进入清算程序实现债权，也可选择进入重整程序将债权转化为股权。如果选择后者，其债权并非直接转为股权，而须经RTC接管并将银行对企业的债权转化为赔偿请求权在市场上流通交易。这样做的好处是，可解决债转股过程中债权人意见不一致的问题，同时可将债转股债权人范围扩大至原有债权人以外的所有投资者——如果部分债权人不同意重组，则其余债权人可收购其赔偿请求权，再对企业进行转股后的重组；若全体债权人同意破产，而有第三方战略投资者看好企业重组后的发展前景，则其也可在市场上收购企业的赔偿请求权，从而对企业实施重组。越有改善潜力的公司，其赔偿请求权的二级市场价格越高，进行重组的可能性越大；反之，越是经营不善的公司，其赔偿请求权价格越低，进入破产清算的可能性也越高。

美国的市场化债转股取得了巨大成功，截至1995年末，RTC通过市场化债转股累计处置了3950亿美元不良贷款，占同期美国不良贷款总额的87%。这不仅有效维护了储贷协会等债权人的利益，更帮助很多濒临破产的非金融企业获得了新生，维护了经济社会稳定。不过，这一模式并不一定放之四海而皆准，因为它的顺利实施有两点必不可少的前提条件：一是要求市场具备完善的债权定价机制和赔偿请求权二级市场流通交易机制，充分发挥市场在债转股运作流程中的选择作用。二是要求具备完善的法律法规环境。在债转股实施前，美国通过《金融机构改革、恢复和强化法案》成立了专门处置银行不良资产的机构 RTC；此外，美国《破产法》对企业破产重整亦有明确规定。

2. 次贷危机期间债转股

2008 年次贷危机发生后，美国采取了一系列救助措施，包括基准利率调整、公开市场操作、救助特定机构和金融监管改革等。其中，政府在救助特定机构过程中也采用了债转股的做法。需要注意的是，这一时期的债转股，严格来讲应该叫"贷转股"，即政府把投入到被救助机构的贷款转为股权。另外，与储贷危机后采取市场化债转股不同，本阶段主要采取了政府主导型债转股，股权持有方不再是银行，而是政府部门，而实施债转股的对象也主要集中在金融业、汽车业和房地产业。2008 年 10 月，美国通过了"不良资产救助计划"（TARP），拟投入 7000 亿美元（2010 年的《多德—弗兰克法案》将规模降为 4750 亿美元）对深陷流动性危机的部分企业进行救助。

"TARP"是危机后美国政府采取的一系列救助项目的统称，包括资本购买项目、定向投资项目、资产担保项目、社区发展资本倡议、汽车产业融资项目、国际集团投资项目、住房救援项目等，其中涉及债转股的项目有资本购买项目、目标投资项目、汽车产业融资项目、国际集团投资项目、住房救援项目等。该时期政府主导型债转股的运作机制主要有以下几点：一是由财政部或美联储对需要救助的对象直接进行注资，推动其债务重组；二是实施债转股，把注入的资金转换为对企业的股权；三是推动救助对象进行资产重组、削减产能、重塑竞争力、重建公司治理等；四是待企业步入正轨后，通过市场化手段，逐步退出政府在企业中的股份。

以对克莱斯勒和通用汽车的救助为例。2009 年 5 月 1 日和 6 月 1 日，两家公司先后申请破产保护。通过 TARP，美国财政部向通用汽车提供了近 510 亿美元的资金救助，作为回报，美国政府持有重组后新公司 60% 的股份，加拿大政府持有 12.5% 的股份，工会持有 17.5% 股份，其他债权人持有剩余 10% 的股份，而通用汽车原股东不再持有新公司任何股份。美国财政部向克莱斯勒先后借款 125 亿美元，并促成与意大利菲亚特汽车公司战略重组计划。克莱斯勒将优质资产注入与菲亚特合作成立的新平台，汽车工人联合会持有该公司 55% 的股份，菲亚特持有 35%，美国财政部持有 2%，加拿大政府持有 8%。美国政府要求三大汽车公司各自制定可持续重组发展计划并接受政府监督。例如，政府接管通用汽车后，通过破产保护程序倒逼债权人接受债转股方式，并对新通用公司大力压缩生产成本，减少薪资和利息成本；缩减规模，重点发展节能型汽车，提高节油车型产量和发展能源节约技术；重新规划旗下品牌、车型和经销网络；进行资金结构重组和生产机构重组。

此外，政府还支持私募基金参与三大汽车企业及其子业务与子品牌的重组。例如，博龙资本管理公司以 76 亿美元收购原戴姆勒持有的克莱斯勒集团 80.1% 的股权，该价格还不及戴姆勒收购克莱斯勒支付 400 亿美元的 1/5。私募机构大举参与美国汽车业重组并购，在短期内使得美国汽车公司及时获得了营运资金支持，同时也盘活了美国汽车低效和无效资产，提高了不良资产处置效率，取得了较好收益。

美国政府先后向汽车及相关行业提供约 800 亿美元资助，陆续通过市场化方式在资本市场等退出，对汽车行业救助最终付出近 93 亿美元的成本，救助效果显著。自 2009 年开始，复苏的美国汽车行业创造了约 37 万个新就业岗位，新的通用、克莱斯勒和福特都已实现运营利润，重新具备市场竞争力。政府救助不仅挽救了通用与克莱斯勒，同时也救助了许多关联上下游企业，实现了汽车行业战略转型，解决了劳动力成本过高和战线过长的老大难问题，避免了大范围行业破产危机，维护了经济社会稳定。

（二）拉丁美洲国家的债转股实践

政策性债转股始于 20 世纪 70 年代末、80 年代初的拉丁美洲，源于该地区严重的债务危机。拉丁美洲国家的债转股通常由外国企业以一定折扣率购买银行债权，然后外国企业到该国中央银行将此债权换成当地货币，用于购买企业的股权。其结果是现有债权转换成股权，分期偿还的本息得以免除，外国企业将获取直接投资回报。

1. 巴西

巴西从 1978 年开始执行债转股计划，由于限制过多，到 1984 年不得不终止。1988 年巴西开始了新一轮债转股，这次债转股走向了另一个极端，即没有标准和筛选程序，由此带来了大量的假债转股和账面交易，演化成纯粹的投机行为。债转股虽然为巴西减轻了一部分外债，但却遭到了广泛批评，被认为是导致通货膨胀、腐败、外汇抽逃的重要原因之一。

2. 墨西哥

墨西哥债转股由政府主导，项目的实施必须得到政府的批准。在 1982 年危机后，一些跨国公司将其在墨西哥子公司的债务进行了资本化，非正式地进行了债转股。墨西哥的债转股计划于 1986 年正式推出，是引导投资者进入优先领域和部门的桥梁，对赎回的债务给予一定的折扣。墨西哥没有要求成立专门的基金，也没有对债转股后股权利润汇出加以严格限制，但要求外资的持股比例不得超过 49%。为防止投机交易，避免通货膨胀，墨西哥设立了专门的支付账户。墨西哥当局通过给有关银行提供新的贷款，对债转股进行了必要的引导。该国债转股没有受到民族主义分子、劳联、在野党的反对，其原因在于当局是把债转股作为减轻债务而不是作为直接投资的手段。为进一步防范通货膨胀，墨西哥把债转股严格限制在私有和基础设施项目。为简化程序，墨西哥开出了一个债转股标准清单，如果符合规定，债转股将自动地被批准，否则要得到外商投资局的批准。

3. 智利

智利是拉丁美洲私有化和经济增长最成功的国家之一，其债转股计划也最具灵活性，不仅转换数量多、对外国投资者吸引力大，而且政府干预少。

智利的债转股步骤是：先将外债票据转换成智利货币基金，这种基金可用于私营公司或私有化时的股权投资或回购；智利中央银行每月就债转股组织拍卖活动，就转股前的债权招标，然后转股。智利鼓励债转股用于出口和进口替代型的部门以及私有化项目，但投资者都必须利用本地银行进行转换。为减少债转股的通货膨胀效应，中央银行设定每月可以拍卖并转换的最高数额。智利债转股计划没有新资金注入，但政府通常以保证不再扩大债转股计划来鼓励投资者增加新的资金。在债转股计划执行过程中，中央银行限制债转股基金用于回购，鼓励扩大工厂生产能力，对红利和投资的汇出也逐渐放松。那些不是通过二级市场而是直接将自己的债权转换为股权的投资者可立即将红利汇出，投资也可在三年后汇出。同时，智利重视本国公司和外国债权人之间非正式的债转股。除了作为吸引外国直接投资的重要手段外，通过鼓励投资债转股，智利还帮助一些非传统出口行业造就了多样化的出口基地。

（三）东亚国家的债转股实践

1. 日本

第二次世界大战后，日本银企间形成了独特的主银行制度。主银行一般是企业的最大债权人兼最大股东，此外还存在人事、业务往来等错综复杂的关系，银行和企业之间通常是休戚相关的利益共同体。因而当企业发行的债券和银行贷款出现违约时，常有带着行政色彩的兜底安排，企业主银行很可能回购该企业发行的债券，并采取延缓企业还款时间或减免贷款额度等措施，最大限度地维护企业利益，帮助其渡过难关。可以说，日本的主银行制度实际上是一种特殊的债转股形式。

但这种基于政府支持的主银行制度导致大量"僵尸企业"依赖银行苟延残喘，占用大量资金，阻碍企业杠杆率的下降。这从日本去杠杆过程中，破产企业数没有出现大幅上升中可以看出。1995年至2013年，日本破产企业数同比增速几乎在20%以下，而同期美国去杠杆化过程中商业破产申请案件同比增速最高超过60%。日本的教训表明，如果仅仅是在非金融企业负债端去杠杆，而不解决资产端问题，其结局就是长期停滞，并且经济整体杠杆率并不能下降。

2. 韩国

自1999年开始，韩国高度重视债转股在合理分担企业负担、减少与借贷有关的道德风险、改善企业财务结构、吸引外国直接投资、对企业管理层进行更紧密的监督以及吸引债权人和投资者参与投资等方面的作用。在债转股实施过程中，韩国政府只做外部协调，由债权人和债务人自主协商，合理确定公司的债务水平，使企业能够用预期利润支付财务费用。目前，韩国已在石化、航空和车辆等行业对部分企业的债务实施了债转股。

五、相关启示

（一）可转债的启示

第一，优化可转债发行人结构，在去杠杆中推进供给侧结构性改革。在美国和中国台湾地区，可转债发行人主要集中在高成长高风险型行业，募集资金主要用于电子信息、生命科学等技术密集型领域。相较而言，中国大陆可转债募集资金则主要用于传统制造业，服务主体集中于大型国有企业。建议未来进一步优化我国可转债发行人结构,在非金融企业,特别是高新技术企业中推广可转债这一混合权益性金融工具,使之真正成为助力非金融企业去杠杆、推动供给侧结构性改革的重要工具。

第二,优化可转债发行机制,推动私募可转债发展。从美国和中国台湾地区的经验来看,公司董事会在可转债发行中一般具有决定性作用。当前我国企业发行可转债时仍需经受严格的行政审批,这不仅给企业发债设置了障碍,还会因审批耗时过多而使企业贻误市场时机。建议进一步优化可转债发行机制,基于台湾地区经验,探索询价圈购的承销方式,使可转债真正成为一项市场化金融工具。此外,从美国、中国香港和中国台湾的经验来看,合理的可转债设计,特别是私募性质的可转债发行,将给具有生命力的中小企业带来源源不断的资金支持,这种资金流动完全是基于市场化判断产生的,因而可将资金有效配置到高效率产业之中。放松可转债发行管制、提升市场化水平、推动私募可转债发展是未来改革的题中之义。

第三,优化可转债条款设置,提升市场化水平。在美国和中国香港,可转债转股、转股价格调整、回售和赎回等方面的条款均较为成熟。而中国大陆可转债条款设计趋同、利率市场化水平较低;同其他国家和地区相比,中国大陆可转债的法规设计更注重可转债的债性而非股性,更关注可转债的可偿还性而忽视了其对公司发展的强大激励作用。建议未来进一步优化我国可转债条款设置,提升可转债市场化水平。

(二) 永续债的启示

第一,灵活进行永续债条款设计。从境外经验看,投资者对永续债的主要顾虑在于未来的不确定性。永续债的特点包括期限较长、清偿顺序靠后、流动性不强、无期限限定、不能自由退出等。而且,永续债一般不设置担保条款,发行方还可递延支付利息,导致利息无保障。由于永续债并非传统金融工具,其条款设计相对灵活,因此发行机构应加强对永续债作为金融创新工具的认识,在发行永续债时充分考虑投资者对长期限高收益理财产品的需求,以此设定利率和回购条款等,既实现融资目的,又满足投资者需求。

第二,完善永续债信用评级制度。永续债兼具股性和债性,其在法律性质、会计处理和日常监管等方面的性质认定日渐成为争议焦点,境外主要经济体亦面临类似问题。基于此,应高度重视永续债信用评价体系,加快信用评级机构建设,对评级机构进行有效监管。

第三,建立健全永续债监管机制。境外经验表明,永续债发行机构之所以受到投资者认可,主要是因为境外监管部门对永续债发行主体在资质和清偿等级等方面都提出了严格要求,并且严肃监管核查。建立健全监管机制,是永续债发行和创新的基石,应高度重视永续债融资、税务、会计处理等法律法规的建立和完善工作。

(三) 优先股的启示

第一,探索注册制改革,扩大合格投资者范围。我国优先股依照核准制,需监管部门层层审批才能发行;而美国在优先股发行中实行注册制。随着我国资本市场的飞速发展,国际化程度与日俱增,核准制的弊端日益凸显,市场对注册制的呼声越来越大。建议探索优先股发行注册制改革，使其展现出更大的吸引力和活力，从而更加适应市场发展需要。此外，建议降低优先股投资门槛，扩大合格投资者范围，从而提高优先股的吸引力和流动性，形成良性循环。

第二，灵活制定股息率，扩大股东表决权。从美国的经验可以看到，相对较高的股息率是优先股吸引投资者的重要原因。建议鼓励优先股发行公司根据自身情况制定相对灵活的股息率。此外，扩大表决权有利于激发股东积极性，从而改善治理结构、提升治理水平。建议在一些重要事项（如增资扩股、股权转让、合并分立、收购兼并、引入新投资者、更改公司章程及清算解散等）上给予优先股股东更多表决权。

第三，完善信息披露制度。国际经验表明，强制信息披露是确保市场有序发展、保护投资者合法权益的基石。优先股制度应得到正确引导，在鼓励企业利用优先股融资的同时，切不可夸大优先股的作用。企业发行优先股要负担不小的财务成本，面临分红减少、财务回报减少和强制转股等风险，让更多企业了解优先股的融资功能，让更多投资者充分认识优先股、投资优先股，真正从市场吸引更多投资者，而不仅仅是机构投资者或者大股东，对于提升全社会资金使用效率具有重要意义。

（四）债转股的启示

第一，严格筛选债转股对象企业，力求做到"精准识别"。债转股的目标应该是那些有技术前景的行业和企业，对象企业的选择是否成功将决定债转股成败与否。美国次贷危机后债转股对目标企业的选择，既考虑了基于市场规则的企业优劣势，也关注了企业倒闭对系统性金融风险和民众利益的影响。在我国 2016 年以来的债转股中，国务院和银保监会对债转股对象企业的鼓励性情况和禁止性情况作出了详细规定。建议相关监管部门加强对债转股实施机构选择对象企业时的监督，严防在债转股过程中向"僵尸企业"注水。据此，可考虑要求债转股实施机构在决定对象企业时实行董事会决议制。

第二，加强对债转股对象企业公司治理的干预。实施债转股的根本目的是帮助企业重获生机。日本的经验表明，在债转股过程中，必须把负债端的去杠杆和提高资产端的资产利润率结合起来，否则非但无法实现真正的去杠杆，反而还会使陷入困境的社会经济雪上加霜。要充分发挥债转股在完善企业股东结构和治理结构方面的作用，让银行及其附属公司之外的经济当事人持有股权，坚决避免"从左口袋到右口袋"的做法。作为债转股实施机构，要通过激励约束机制促使内部员工加强对对象企业公司治理的干预，要认真诊断问题症结，切实有效介入干预；作为债转股对象企业，要摒弃债转股是"免费午餐"的理念，要认识到这是一剂破解企业困境的苦药，也是一次迈向新的辉煌的机会，为此必须痛下决心重组改革。

第三，在债转股中要正确把握市场与政府的关系。从美国实施两轮债转股的经验可以看到，充分发挥市场机制是债转股取得预期成效的基础。建议我国在 2016 年以来的这一轮债转股中，从债转股对象企业的选择，到转股债权价格的确定、计算占有对象企业持股比例时股价的确定、对象企业治理结构的调整，再到股权退出时股价的确定等,都要充分发挥市场机制的作用,避免各级政府过度介入。

第四,慎重对待中美贸易摩擦和债转股间的关系。当前,中美贸易摩擦势必会从政府、银行和企业三个层面对我国债转股进程产生影响。如何正确处理这一外部因素的影响,将是我国债转股的一个重要命题。一方面,不能因贸易摩擦而打乱债转股的节奏,要坚持既定战略,政府、银行和企业三个层面共同配合,协调推进,切不可再走大水漫灌的老路。另一方面,可借贸易摩擦契机推动债转股,如在转股对象企业的选择上,优先考虑那些有发展潜力、在产业链上处于更高层次的企业;在转股对象企业的重组上,重点发展有前景、高盈余的业务。

第八章 混合权益性金融工具降杠杆的政策建议

根据上述研究,要进一步发挥混合权益性金融工具降杠杆的功能,关键是要解决混合权益性金融工具本身发展的制度障碍,尤其是要明确相关的会计税收制度,建立健全定价机制,完善非上市股权交易制度等。

一、完善政策措施的指导思想

使用混合权益性金融工具降杠杆的政策制定应遵循"既有约束,又有激励"的原则,一方面通过约束机制提高股权资本降杠杆的真实性,另一方面通过激励机制提高工具使用的经济可行性。目前,降杠杆政策实施过程中,既存在约束不足的问题,也存在激励不够的问题。

(一)强化降杠杆工具使用的约束机制

当前,降杠杆过程中虚假降杠杆行为频发,如永续债的"假永续"、债转股中的"名股实债"等问题,都反映了政策在实施过程中存在约束不严的问题。对此,应进一步加强使用混合权益性金融工具降杠杆的制度约束,完善股债认定标准,要求计入股权的资本保证是"真股",而不是"明股实债"。

(二)加大降杠杆工具使用的激励机制

从根本上讲,债转股实施机构推动降杠杆积极性不足的主要原因是,市场化债转股机制的经济可行性较差。虽然人民银行对部分金融机构实施了债转股定向降准,银保监会也下调了上市公司的股权风险权重,但这些激励机制仍不足以在经济上对股权风险进行补偿。受杠杆率和资本充足率约束,一般金融资产管理公司从事债转股业务的成本非常高。根据非上市股权400%的风险权重看,金融资产管理公司实施债转股业务的成本是债权业务的4倍,但持有股权的收益并不能覆盖风险和成本。对此,建议加大降杠杆工具使用的激励机制,让政策实施更具经济可行性。

二、推动股债认定标准的统一

股债认定标准不仅决定混合权益性金融工具的会计计量和税收处理,还决定混合权益性金融工具的信用评级和定价方法。目前,在永续债、优先股、债转股中,股债的认定标准还存在较大争议,需进一步从制度上进行明确。

（一）法律层面的股债认定

股是有限责任公司或者股份有限公司的股东对公司享有的人身和财产权益的一种综合性权利，即股权是股东基于其股东资格而享有的，从公司获得经济利益，并参与公司经营管理的权利。在民法体系中，股权属于物权范畴。

债是按照合同的约定或者依照法律的规定，在当事人之间产生的特定的权利和义务关系。享有权利的人是债权人，负有义务的人是债务人。债权人有权要求债务人按照合同的约定或者依照法律的规定履行义务。在民法体系中，债属于债权范畴。

股和债的区别有很多，基于混合权益性金融工具股债认定的视角，股和债在法律上的核心区别体现在两个层面：一是经济利益关系的不同。债券持有者无权过问公司的经营管理，而股票持有者则有权直接或间接地参与公司的经营管理。二是保本能力不同。从本金方面看，债券到期可回收本金，也就是说发行方具有偿付本息的义务，而股票则无到期之说，发行方没有偿还本金的义务。因此，在混合权益性金融工具的股债认定中，以上两个层面是股债认定的重要标准。

（二）会计层面的股债认定

在会计层面，基于金融负债和权益工具的定义，二者的区分主要考虑两种情形。

一是不涉及自身权益工具交付的情形。此情形的股债认定标准在于发行方是否具有向其他方交付现金或其他金融资产的义务，如果有相应义务，则需要确认为负债，反之则确认为权益。

二是涉及自身权益工具交付的情形。此情形的股债认定标准在于交付的权益工具数量是否确定，如果确定，则可确认为权益，反之则确认为负债。

此外，会计准则针对清算情形还做了特别规定，即如果发行方承担的负债义务只有在企业清算时才需履行，则相应的金融工具可确认为权益。此规定适用于永续债、封闭式基金以及有限合伙企业中的最劣后级有限合伙人（LP）份额。

需要注意的是，会计准则没有明确规定发行方承担的义务是偿付本金的义务还是偿付固定收益回报的义务。但是，从实践中会计准则所认可的会计处理来看，如果发行方仅承担固定收益回报的义务，则相应的金融工具可确认为权益；如果发行方承担了偿付本金的义务，则相应的金融工具需确认为负债。

（三）统一股债认定的具体标准

基于法律层面、会计层面有关股债认定的规定，结合股债认定的具体实践，我们提出基于本金偿付义务的股债认定标准：（1）发行方对混合权益性金融工具本金的偿付是否有自主选择权；（2）混合权益性金融工具本金的偿付顺序是否劣后于普通债权；（3）混合权益性金融工具的本金是否具有损失吸收能力。

1. 发行方是否拥有偿付本金的自主选择权

发行方是否拥有偿付本金的自主选择权是股债认定的最基本标准，发行方在对混合权益性金融工具进行分类时，需要先依据此标准进行判断。如果发行方拥有自主选择权，则证明发行方暂不承担偿付本金的义务，可考虑确认为权益；反之，则必须确认为负债。

在实践中，一些混合权益性金融工具设置了回购、回售方面的条款，这也是判断发行方是否具有"自主选择权"的难点。这些条款可能导致发行方偿付本金，那么发行方需依据具体情况判断偿付本金的可能性。如果相关条款使得发行方大概率需要偿付本金，即承担回购义务，则发行方不具有"自主选择权"，需将对应的金融工具确认为负债（例如，永续债的利率跳升机制就导致发行方将来大概率承担回购义务）；如果相关条款暂时没有大概率导致发行方承担偿付本金的义务，则发行方拥有"自主选择权"，可考虑将对应金融工具确认为权益（例如，对赌协议中，发行方有较大可能达到对赌目标以避免承担回购义务）。

需要说明的是，发行方需定期对"自主选择权"进行判断，因为发行方经营情况的变化可能导致"自主选择权"出现变化。若出现变化，发行方需要对混合权益性金融工具重新进行分类。

2. 偿付顺序是否劣后于普通债券

如果发行方选择对混合权益性金融工具进行偿付，或者回购其发行的混合权益性金融工具，则涉及偿付顺序的问题。如果混合权益性金融工具的本金偿付顺序劣后于普通债券，则可考虑确认为权益；反之，则必须确认为负债。对偿付顺序的判断需依据偿付时点具体分析。

一是偿付时点属于发行方的持续存续期。在自主选择的情况下，发行方可能对混合权益性金融工具进行回购。如果此行为不受投资方的约束或强制，也不受回购、对赌等条款的影响，其完全是自愿性质的回购，则此回购行为不意味着发行方需承担偿付本金的义务，也不意味着混合权益性金融工具的偿付顺序优先于普通债券，即发行方可考虑将该工具确认为权益。例如，发行方基于自身需要回购优先股或其他具有股性的金融工具。

二是偿付时点属于发行方的清算时期。如果发行条款约定在发行方进行清算时，需偿付混合权益性金融工具，且偿付顺序劣后于普通债券，则发行方可考虑将该工具确认为权益；如果偿付顺序不劣后于普通债券，则需确认为负债。

3. 本金是否具有损失吸收能力

如果发行方不对混合权益性金融工具的本金进行偿付，或者该工具在偿付的情况下劣后于普通债券，则需进一步判断该工具的本金是否具有损失吸收能力。如果混合权益性金融工具的本金具有损失吸收能力，则可确认为权益；反之，则须确认为负债。

图 8-1 是对混合权益性金融工具股债认定标准的一个图示。整个判断实际可分为两条路径。一条路径是从"自主选择权"到"偿还顺序"，再到"损失吸收能力"；另一条是从"自主选则权"到"损失吸收能力"。需要说明的是第二条路径并不意味着摒弃"偿还顺序"这一判断标准。实际上，发行方不对混合权益性金融工具进行偿付就已经隐含了"偿付顺序劣后于普通债券这一标准"。因此，总结来看，针对混合权益

性金融工具的股债认定，需基于前述的标准进行判断，只有同时满足前述标准中对权益工具的要求，发行方才可将混合权益性金融工具确认为权益。

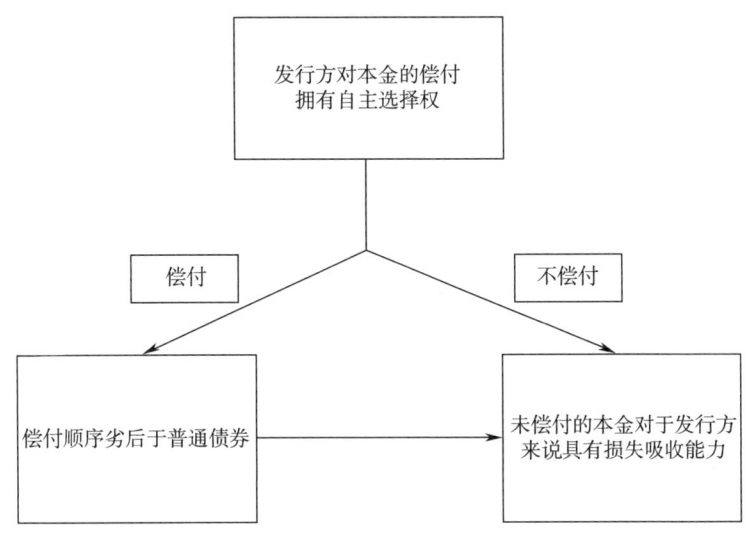

图 8-1　混合权益性金融工具的股债认定标准

4. 股债认定标准的合理性

以上股债认定标准的合理性主要体现在以下几方面。

一是此标准有助于我国非金融企业使用混合权益性金融工具降低企业杠杆。目前，我国非金融企业仍存在杠杆较高的问题，但是，纯权益工具还不能满足非金融企业降杠杆的需求。为兼顾投资方的利益，非金融企业仍需使用混合权益性金融工具降杠杆。以上股债认定标准既有利于坚守金融工具权益性质的底线，对发行方的名股实债行为形成约束，也有利于保障投资方的利益，使得投融资双方合理使用混合权益性金融工具降杠杆。

二是此标准仍在法律认可的判断框架之内。前已述及，法律层面的一个重要认定标准是企业发行的金融工具是否保本。相比法律层面的股债认定，此认定标准未强调投资方参与被投资方的经营管理。我们认为，企业降低财务杠杆首先应该考虑的是混合权益性金融工具是否实际降低了企业的财务负担，这是混合权益性金融工具能否确认为权益的最基本要求。投资方是否参与企业经营管理可暂不作为股债认定的硬性标准，但这应该是未来混合权益性金融工具股债认定的发展方向，即政府部门应鼓励投资方参与企业的经营管理，提升企业的公司治理水平。

三是此标准符合会计准则中实质重于形式的原则以及会计准则认可的相关实践。首先，前述股债认定的标准从实质上决定了混合权益性金融工具是否具有权益性质；其次，在实践中，永续债和优先股的股债认定实质上也是基于以上标准进行判断的，这一实践得到了会计准则的认可。

三、健全非上市股权交易制度

非上市股权市场交易不活跃，是阻碍混合权益性金融工具降杠杆的主要瓶颈之一，直接影响可转债的转股、债转股股权的退出和优先股交易活跃度等。提高非上市股权交易活跃度，需进一步完善信息披露制度、建立健全定价机制和集中统一的交易平台。

（一）加强信息披露制度建设

1. 统一股权交易市场信息披露要求

虽然现在各交易平台都有自己的信息披露制度，但披露信息的范围、规则不尽相同。各区域股权交易所自定信息披露制度，不仅标准不统一，而且加大了非上市股权交易市场的风险。出于做大市场的考虑，区域股权交易所可能存在放松信息披露要求的道德风险，不利于市场的长期健康发展。

2. 加强信息披露的顶层法律指导

目前，指导我国区域股权交易市场发展的主要依据是国务院下发的关于各类交易所清理整顿的文件，法律层面缺乏对区域股权交易市场信息披露的规范、指导和约束，严重影响非上市公司运用混合权益性金融工具降杠杆的效率。建议出台国家层面的信息披露制度，统一各区域股权交易所的信息披露标准。

（二）完善第三方股权定价机制

目前，非上市股权（股份）交易价格的确定，一般由股权转让方寻求第三方评估公司定价，股权受让方参考第三方评估的定价结果，与出让方进行协商，而第三方评估公司多是规模较小、以营利为目的的民间市场机构，可能会存在一定的道德风险和技术风险。对于市场较为关心的债转股定价机制，目前仍然是由实施机构与各个转股企业逐一谈判，没有独立的第三方评估机构和成熟的债转股定价市场，一定程度上影响了债转股的效率。据此，建议由国有、中立、非营利、专业性强的估值机构对非上市股权进行客观、公正的估值，降低股权买卖双方的交易成本。中债估值公司是市场上最为中立、权威、专业的估值机构，可为非上市股权进行客观公正的估值服务。目前，中债估值公司已经建立了完善的非上市股权估值模型，并为私募基金投资非上市股权提供估值服务，建议由中债估值公司为债转股相关股权交易提供统一、客观的估值服务。

（三）建立健全准入和交易制度

一是统一区域股权交易平台投资者准入标准。目前，各区域股权交易平台的投资标的大同小异，但投资者准入标准参差不齐。二是采取"领头+跟投"方式，提高投资者入市的积极性。优秀机构投资者在风险管理、投资评估等专业性方面优于个人投资者和一般机构投资者，可考虑在非上市股权交易平台上设置明星领头人，在他们的投资基础上让其他投资者跟投，提高投资者投资的积极性，增强非上市股权的流动性。

四、发挥债转股的主力军作用

针对债转股业务推进过程中面临的问题和困难,提出以下政策建议。

(一) 通过债转优先股降低股权投资风险权重

目前债转股资产的风险权重,不仅难以支撑降准资金落地,也让股份制银行对设立金融资产投资公司望而却步。2019年降杠杆工作要点提出,推动符合条件的股份制商业银行单独或联合设立金融资产投资公司,过高的股权投资风险权重,让本就资本不充裕的股份制银行无法参与债转股。

1. 适当调低债转股资产风险权重。适当降低股权投资风险权重,可妥善解决债转股风险权重较高、资本占用较多的问题,使现有资本能够支撑全部降准资金落地,鼓励股份制商业银行设立金融资产投资公司,降低金融资产管理公司实施债转股的成本。简单测算结果显示,目前,上市公司的股权风险权重从400%降至250%后,债转股的股权收益基本可以覆盖成本,但债转股股权收益覆盖不了非上市公司400%的风险权重。我们初步测算,债转股股权收益可支持的股权风险权重为300%左右(具体测算过程见附件2)。据此,建议将非上市公司股权风险权重降至250%,上市公司股权风险权重降至150%,保证覆盖实施机构的融资成本。

2. 确定优先股较低的风险权重。优先股偿还顺序在普通股权之前,股息回报率较为固定,建议明确优先股较低的风险权重,鼓励依法合规开展市场化债转优先股,扩大非上市公众股份公司债转优先股试点范围。

(二) 通过担保机制降低实施机构的融资成本

市场化债转股的实施机构包括银行系金融投资公司、金融资产管理公司、保险资产管理机构和国有资本投资运营公司。2018年,为支持市场化债转股,央行对17家银行实施定向降准,降低了银行系金融投资公司的融资成本。其他机构则需要通过债转股专项债融资。根据2016年国家发展改革委公布的《市场化银行债权转股权专项债券发行指引》,债转股专项债原则上应以转股股权作为抵押。但在实际操作中,存在两个问题:一是股权的市场价格波动较大,上市公司二级市场价格波动幅度有时超过50%,股权抵押率较低,能够支持发债的额度有限;二是转股股权的变现时间不确定,可能发生债已到期但股权还未变现的情况。据此,建议在地方资产管理公司、国有资本投资运营公司发行债转股专项债环节,引入担保机制,降低融资成本,提高市场化债转股业务的经济效益,提高实施机构的积极性。

(三) 将债转股基金纳入保险、养老资金投资范围

对于保险资金,建议:一是允许保险资金投资金融资产投资公司,管理或持有普通合伙权益的私募股权投资基金;二是保险资金投资债转股私募基金不受比例限制;三是适当调整保险资金投资债转股私募基金的市场风险资本基础因子。

对于养老金,建议:一是针对优质债转股资产,符合养老资金低风险、收益稳定、

长久期等投资要求的,通过明确监管细则,发行债转股私募基金解决向养老资金合规募资问题;二是增设债转股投资型养老金产品,针对优质债转股项目使用养老金产品进行投资。

(四) 探索公募理财投资优质债转股项目

公募银行理财是规模较大且价格较低的资金来源,合格投资者在投资经验、风险承受能力方面较普通投资者有优势,因此,可对公募理财产品按合格投资者维度加以细分。建议向合格投资者募集的公募理财产品可在信息披露充分、期限匹配的前提下,投资市场化、法治化债转股项目私募股权基金。

(五) 对债转股资产开展证券化业务给予政策支持

金融资产投资公司利用能够产生持续稳定、独立、可预测现金流的优质债转股项目发行资产支持票据,探索标准化募资工具与债转股项目相结合,对拓宽募资渠道具有重要意义:一是标准资产证券化产品符合监管政策要求,能够满足银行理财等公募资金的投资需求,利用债转股资产开展证券化业务可有效降低债转股实施机构的融资成本,撬动社会资金参与市场化债转股。二是利用债转股资产开展证券化业务可有效帮助实施机构实现资产出表,突破表内资金投资规模限制,加快自营资金在存量资产上的周转效率,实现债转股投资流量化管理。建议支持在期间收益和退出安排上有较强保障、能够产生持续稳定且可预测现金流、符合发行资产支持票据相关要求的项目,试点开展资产证券化,拓宽债转股项目筹融资渠道。

(六) 加强市场化债转股退出的制度保障

一是建议出台针对市场化债转股退出的相关实施细则,进一步明确债转股退出方式、操作程序和相关要求。二是建议监管机构在债转股标的企业定向增发、优先股、IPO、并购重组等方面给予必要的政策支持。三是选择若干家交易场所开展相对集中交易试点。鉴于北京金融资产交易所、中证机构间报价系统是全国非市场股权的集中交易场所,可考虑将二者作为债转股实施后股权退出的试点交易平台。四是加快区域性的股权交易中心等多层次资本市场建设,为股权退出提供更多渠道。五是完善优先股流通转让机制。六是积极引导私募基金等专业投资公司、保险资金、企业资金、民间资金等社会资本参与到股权交易中,拓宽二级市场交易的资金来源。

(七) 建立债转股综合信息采集系统

即使选择若干家交易场所开展相对集中交易试点,债转股项目的信息仍分散在各个交易前台上,监管部门和实施机构都难以全面了解和分析政策落地效果。2019年的降杠杆工作要求提出,要加强对商业银行定向降准资金使用情况的评估考核。为全面掌握债转股资金的使用情况,对债转股降杠杆效果进行全程跟踪评价,建议在中央托管机构建立债转股综合信息采集系统,对政策资金的使用情况、转股项目的落地情况、产业分布情况、股权退出情况以及降杠杆率等进行跟踪评估。

五、鼓励设立省级债转股基金

为进一步发挥政府引导作用和地方资产管理公司的区域优势，提高地方资产管理公司实施市场化债转股效率，国家发展改革委办公厅发布《关于发挥政府出资产业投资基金引导作用 推进市场化银行债权转股权相关工作的通知》（发改办财金〔2017〕1238号），明确"鼓励有条件、有需求的地区探索新设政府出资市场化债转股专项基金开展市场化债转股"。公开资料显示，目前仅成都设立了省级债转股基金[①]。

（一）进一步发挥政府的引导作用

设立省级债转股基金，可更好地发挥政府的引导作用、地方资产管理公司的区域优势，地方政府、地方资产管理公司和地方国有企业联系紧密、合作较多，对地方企业的经营情况和财务状况较为了解，在实施债转股过程中，能够提出更加适合企业的债务重组方案。

（二）鼓励银行参与设立省级债转股基金

2018年6月，央行下调5家国有银行和12家股份制银行存款准备金率0.5个百分点，定向降准资金专项用于市场化债转股。据了解，多数商业银行未能充分使用定向降准资金，资金使用考核情况不达标。对此，应鼓励银行参与省级债转股基金的设立，促进定向降准资金落地使用。

（三）省级债转股基金的性质和定位

市场化运作。要实现基金的长期可持续发展，必须坚持基金的市场化运作原则，尊重市场规律，充分发挥市场配置资源的决定性作用，让市场主体成为推动重点产业发展的决定性力量。基金的投资决策、投后管理和项目退出要遵循市场经济规律。

政府引导。更好地发挥政府的引导作用，营造最大限度激发各类市场主体创新创业活力的环境条件。在基金组建方面，尽可能吸引银行、保险公司、金融公司、大型企业等机构的参与，实现放大效应。

稳健运营。省级基金要服务省级战略和辖区企业，建立侧重风险控制、兼顾利润回报的绩效评价体系。

（四）省级债转股基金的设立方案

省级债转股基金为有限合伙制，由基金管理人［省资产管理公司（AMC）］通过非公开方式募集，根据债转股基金的特点，对存续期、结构化、决策机制等进行差异化安排。

1. 基金存续期

债转股基金投资回报周期较长，基金存续期设为8~10年。

[①] 2019年9月，全国首只政府引导投资债转股基金"建信金投（成都）股权投资基金"成立，该基金由成都交子金控集团、建信金融资产投资公司、成都兴城集团、信达风投资管理公司共同发起设立，基金设计规模达100亿元。

2. 基金规模和分级设计

基金总规模应超 100 亿元人民币,其资金主要来源于省政府、省级 AMC 和社会资本。其中,省政府及省 AMC 各出资10%,社会资本(商业银行等)出资80%认购优先份额,即优先级 LP:劣后级 LP 为 8:2。

3. 基金交易结构

合格投资者将委托资金交付券商设立定向资产管理计划,定向资产管理计划作为优先级 LP 出资;政府资金、省 AMC 作为劣后级 LP 出资,省 AMC 担任普通合伙人(GP),共同设立省级市场化债转股基金。

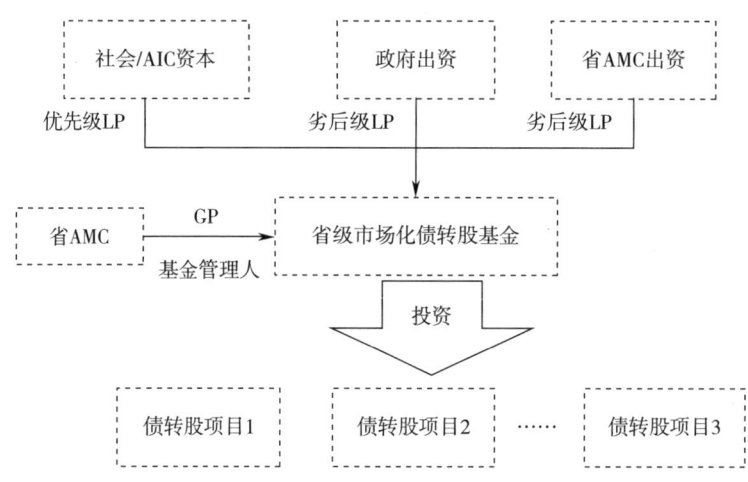

图 8-2 省级债转股基金设立方案

4. 基金投向

债转股基金投资对象为省内国有企业或重点产业的龙头企业。企业应符合 2016 年国务院《关于积极稳妥降低企业杠杆率的意见》的有关规定。

同时,基金短暂闲置资金可以用组合投资方式投资于国债、协议存款、货币基金等低风险金融工具,以保值增值。

5. 退出安排

债转股基金投资项目可通过下列途径完成退出:首发上市、股权出售、并购、管理层收购、清算退出等。

6. 基金托管

基金资产应委托具有托管资格的专业机构托管,确保基金资产安全,投资投向可控。基金与托管银行签署"资金托管协议",基金资产的调拨、处置,费用的划付,收益的分配均由托管(监管)银行受托实施。

(五)省级债转股基金的管理

基金采取有限合伙制,下设合伙人大会,合伙人代表由各 LP 及 GP 推荐。合伙人大会是基金的最高权力机构,主要职责是决定基金的设立、增资、清算等重要事项。

1. 日常管理机制

由基金管理人制定"债转股基金募集说明书",政府机构协助基金管理人吸引国内外投资机构、金融机构、大型企业等的资金投入,完成基金的募集,正式设立有政府资金参与的债转股基金。

由基金管理人拟定"债转股基金管理办法",完成投资业务流程、项目筛选及投资标准、财务模型建立制度、投资风险管控制度、岗位人员配置及岗位职责等基金运作的具体管理措施。

政府部门不参与基金的日常运作,但为保障基金投资符合省委、省政府战略导向,在投资过程中,可考虑由各相关部门提出项目清单,构建优先推进项目储备库;提出投资项目建议提交基金投资决策委员会组织评估论证后进行投资决策。有关部门仅提供投资项目建议,不得干涉基金管理人的投资决定。

2. 投资决策机制

基金设立投资决策委员会,主要职责是决定基金的投资方向,评价基金管理人和托管银行,拟定收益分配方案,并向合伙人大会报告工作,负责合伙企业投资、管理与退出事项、其他重大事项的最终审批,维护合伙企业及其合伙人的利益。

投资决策委员会委员由基金各 LP 及 GP 分别推选代表,由合伙人大会选择产生。投资决策委员会对决策事项实行票决制,每一位委员拥有一票,全票通过方可达成表决事项。

同时,基金管理公司设立行业顾问委员会,由基金管理人推荐的专家、相关行业上市公司专家、高校学者等组成,该行业顾问委员会将对投资行业、拟投资项目等提供行业专家意见。

3. 项目筛选管理机制

基金筛选及投后管理的程序如下:

(1) 项目筛选。对拟投资项目进行比选分析,跟踪、考察意向投资的项目,进行市场和行业分析,开展初步财务测算,确定商业计划和投资方案。

(2) 尽职调查。进行法律合规性尽职调查、财务投资回报分析以及市场研究,可聘请独立第三方机构(律师事务所、会计师事务所、资产评估公司等)对项目进行可行性分析。

(3) 基金投资决策委员会决策。审查项目投资计划,进行项目投资成本收益及风险测算,根据尽职调查结果进行项目公司现金流和财务预测,作出投资决策。如有必要,基金可以通过外聘专家等方式组成专家咨询委员会,对拟投项目提供重要咨询意见,为投资决策委员决策提供依据。

(4) 投后管理。与投资对象签订交易协议,由托管行进行资金监管和结算。基金管理人持续跟踪投资项目运营情况,参与项目管理,跟踪市场动态,确定最优退出方案。

4. 风险控制

一是严格约定基金用途。基金在运作过程中不得从事以下业务:(1) 从事对外举债、担保、抵押、委托贷款等业务；（2）投资二级市场股票、期货、房地产、证券投资基金、评级 AAA 以下的企业债、信托产品、非保本型理财产品、保险计划及其他金融衍生品；（3）向任何第三方提供赞助、捐赠；（4）吸收或变相吸收存款，或向第三方提供贷款和资金拆借；（5）进行承担无限连带责任的对外投资；（6）发行信托或集合理财产品募集资金；（7）不符合国家和省产业政策、产业发展规划的项目；（8）其他国家法律法规禁止从事的业务。

二是资金多层次的考核监督。（1）委托专业审计师事务所、会计师事务所对基金投资运作和财务情况出具年度审计报告和财务报告。基金接受审计、督查等部门的监督检查。（2）密切跟踪基金的经营和财务状况，债转股基金的基金管理人每季度向合伙人大会提交基金运行报告，通过定期的报告对基金的运行进行监管。但监管应以不干预基金的日常运作为原则，只有基金的资金使用出现违法违规和偏离政策导向等情况时，按协议终止与基金管理人的合作。

六、挖掘可转债的降杠杆潜力

（一）统一私募可转债的相关标准

目前，可转债的发行场所包括沪深交易所和各区域股权交易所。2019 年 8 月 30 日，深圳证券交易所、上海证券交易所、全国中小企业股份转让系统有限责任公司和中国证券登记结算有限责任公司制定并发布了《非上市公司非公开发行可转换公司债券业务实施办法》，进一步拓宽非公开发行可转换公司债券的主体范围。但是，各区域股权交易所也是非上市公司发行可转债的主要场所，区域股权交易所和沪深交易所、区域股权交易所之间发行可转债的标准不统一，不利于可转债市场的规模扩大和长远发展。建议在全国范围内统一非上市公司非公开发行可转债的标准和要求。

（二）探索在银行间市场发行可转债的可行性

银行间市场是规模最大、投资者最多、流动性最好的债券市场，在银行间债券市场发行可转债有利于提高可转债市场的规模和降杠杆效率。此外，转股前债券在银行间市场交易，转股后股权在沪深交易所、全国股转系统和区域股权市场交易，有利于提高银行间市场和交易所市场基础设施的互联互通。

（三）维持股票市场的基本稳定

股票二级市场基本稳定时，发行可转债可在降低企业发行成本和提高转股积极性之间寻求平衡，既可避免股市快速上涨时企业因转股价格偏低遭受发股损失，也可避免股市快速下跌引发投资者转股意愿降低。

七、发挥优先股的合规性优势

优先股因公开发行门槛较高、计入权益的要求高、融资成本高且不能转为普通股等制约，不可能直接成为降低企业杠杆率的高效工具。但是，优先股的制度较为健全，可将其发展为"明股实债"的合规性替代品,扩大债转优先股试点。

(一) 适度放宽公开发行主体

目前《优先股试点管理办法》对公开发行的主体和类型限制,旨在控制试点期间优先股对外公开发行的风险,但却在一定程度上限制了优先股的功能发挥。建议放宽对优先股发行主体的限制,可考虑将发行主体扩大到沪深300指数成分股。

(二) 稳步放开优先股的转股限制

限制优先股转换为普通股,在很大程度上降低了优先股的灵活性和吸引力。优先股作为基础性产品在成熟市场已发展多年,境外成熟市场均明确允许优先股转普通股。建议研究稳步放开优先股转股限制,先期从财务指标、合规和现金分红等方面设置放开条件,部分放开发行可转换优先股的主体范围。

(三) 统一公开和非公开发行优先股的会计制度

自试点以来,无论是已经发行优先股的企业,还是已公布发行预案尚未发行优先股的企业,均选择非公开发行的方式,其中的主要原因是非公开发行可规避"强制付息"条款,避免将优先股计入负债。建议在上述混合权益性金融工具"股债认定"框架下,统一公开和非公开发行优先股的会计制度。

(四) 出台债转优先股的税收优惠政策

因优先股的偿还顺序劣后于一般债务和永续债,且不允许存在风险保障措施(如抵质押品),投资人对优先股的回报率要求较高。加之股息没有抵税功能,折合到税前,优先股发行人的财务成本会更高,这样更不利于债转优先股试点。据此,建议给予债转优先股股息税前抵扣的优惠政策,促进债转优先股的大力开展。

(五) 完善优先股投资者保护制度

加强信息披露,保护优先股股东获得相应知情权。受企业经营状况恶化等影响,优先股股东无法获得固定股息保障时,可借鉴国际经验,恢复优先股股东表决权,允许优先股股东根据企业章程及持有的优先股数量,获得相应表决。

八、推动永续债转向"真永续"

(一) 肯定永续债改善企业融资条件的功能

目前发行的永续债虽然都是"假永续",并不能真实降低企业还本付息的压力,但是,可以优化企业的资产负债表,提升企业信用评级,改善融资条件。在当前经济下行压力增大、企业融资较为困难的形势下,永续债可作为改善企业融资环境的过渡工具,以时间换空间,待企业融资环境好转后,逐步研究坐实永续债的"永续"属性。

(二) 对永续债会计新规实施新老划断

如果不采取新老划断的办法,存量发行人将可能触发约束性条款,提前赎回永续债,导致资产负债率攀升,影响再融资能力。此外,2020年和2021年是行权高峰,

2021年之后，新会计准则对存量的影响将大幅减轻，2019年、2020年和2021年，行权的永续债分别为1881.38亿元、5258.9亿元和6957.2亿元，占永续债存量规模约76%。据此，建议采用新老划断的方式，给予存量发行人过渡期的政策支持。

（三）以固定利差方式计息推动"真永续"

目前，永续债的计息方式以"利率跳升"为主，跳升幅度一般在300基点，目的是提示投资人，发行人到期肯定会赎回，永续债就是"债"，正是"大幅的利率跳升"条款使永续债成为"假永续"，遭到市场诟病。

建议在杠杆降到合理区间后，参考商业银行永续债的做法，以"固定利差"方式计息，促进永续债向"真永续"转变。可以预见的是，"固定利差"方式计息，肯定会提高永续债的发行门槛，只有资质非常好的企业才能发行，且会推高永续债的发行利率，降低永续债的吸引力。

（四）在股债认定的统一框架下完善永续债的会计制度

永续债会计新规中"关于利率跳升和间接义务"的规定，在实践中很难执行。具体表述是，发行方应当结合所处实际环境考虑该利率跳升条款是否构成交付现金或其他金融资产的合同义务。"实际环境"是指同期同行业同类型工具平均的利率水平。因为"实际环境"每年是变化的，会计计量是否应随时跟着"实际环境"变化而调整，新规并未明确。即使规定了需要随时调整，也不容易进行会计操作和审计判断。

据此，建议在上述股债认定的总框架下，规定永续债的初始计量应根据"到期日"和"清偿顺序"判定是否计为"股"还是计入"债"，初始计量一旦确定，在第一个到期年度前不用再变更，保持会计计量的一致性和可比性。在第一个到期时点当年，应根据"利率跳升"、"固定利差"和"实际情况"重新进行股债认定，此次认定结果保持到下一个到期年度，下一个到期年度重新再认定，依此类推。

根据"利率跳升"、"固定利差"和实际情况进行认定的具体方法是：如果重置利率未超过同期同行业同类型工具平均利率水平50基点，则不构成间接义务，可以确认为"股"；若重置利率超过同期同行业同类型工具平均利率水平50基点，则构成间接义务，应该计入"债"。

第九章 主要结论

本书主要研究混合权益性金融工具的适用范围、使用规则、股债认定标准和定价机制、降杠杆实践和存在的问题、国际经验和启示等，各类工具的存量规模、产品特征、制度规范、实践中存在的问题和相关建议综合比较如表9-1所示。本书研究的主要结论和相关政策建议如下：

1. 进一步明确了混合权益性金融工具的界定和分类，夯实本书研究的理论基础，确定本书研究的范围和边界。

针对现有文献缺乏对混合权益性金融工具的统一界定，本书首先明确了混合权益性金融工具的概念。混合权益性金融工具是指同时涉及债权和股权的金融产品和工具的统称，包括可转债、可交债、永续债、优先股和债转股等。其中，可交债不具有降杠杆的功能，本书未将其作为研究的重点对象。针对债转股是否属于混合权益性金融工具的争议，本书认为，债转股同时涉及债权和股权，是现阶段降杠杆的主力，且面临着和永续债、优先股相同的使用问题，属于本书研究的范畴。

2. 以"既有约束，又有激励"的原则，完善降杠杆工具使用的相关政策，一方面加强约束，提高股权资本的真实性，防范虚假降杠杆；另一方面加大激励，提高降杠杆工具使用的经济可行性，确保政策能落地实施。

一是加强对股权资本真实性的约束。针对永续债的"假永续"问题、债转股中的"明股实债"问题，建议进一步完善股债认定标准，切实提高企业的权益融资，降低还本付息的压力，防止虚假降杠杆，变相加大企业财务负担。

二是加大对金融机构的激励力度。目前，债转股中，股权风险权重较高，对实施机构的资本消耗较大，债转股业务的成本几乎是普通债权业务的4倍，而股权收益并不能覆盖相应的风险和成本，导致实施机构积极性不高。对此，建议适当降低非上市公司股权风险权重至250%，上市公司股权风险权重至150%，在实施机构发债环节引入担保机制，降低债转股实施成本，提高实施机构的积极性。

3. 从制度规范上看，各类工具的适用范围和使用规则都较为明确，但存在相同性质工具、相同类型场所的监管标准不统一问题，建议统一同类场所、同类工具的监管标准。

本书梳理了混合权益性金融工具的所有规范性文件，从制度上分析每类工具的适用主体范围和发行、交易、退出规则。虽然各类混合权益性金融工具的适用范围和使用规则都有相对明确的规定和制度规范，但存在性质相同的工具在发行、交易、投资者准入、权益退出等标准方面不统一的问题。如非上市公司可在沪深交易所和地方股权交易所发行可转债，但沪深交易所和地方股权交易所之间、各地方股权交易所之间对可转债的监管标准参差不齐，可能会产生监管竞次问题，不利于市场的长期规范发展和金融风险防范。据此，建议统一同类场所、同类工具的监管标准。

4. 不同企业的属性和风险特征不同，适用的降杠杆工具不同。因此，建议因企施策，引导不同类型的企业使用不同的降杠杆工具。

从银行风险偏好看，经济下行阶段，银行会降低风险偏好，收紧民企信用，扩张国企信用。从企业风险偏好看，经济下行阶段，民企主动降杠杆动力较强，而国企主动降杠杆动力不足。因此，现阶段，降低企业降杠杆率主要是降低国企杠杆率。

从市场化程度看，可转债、永续债、优先股的市场化程度较高，债转股的政府指导性较强。从发行门槛看，永续债对发行人资质要求最高，债转股对发行人资质要求最低。从降杠杆时效上看，债转股降杠杆速度最快，可转债降杠杆速度最慢。从降杠杆成本上看，可转债成本最低，债转股成本最高。因此，对于资产负债率适中、盈利能力良好、市场资质较好、具有良好发展前景的企业，引导其采用可转债逐渐降杠杆；对于资产负债率偏高，但盈利能力较强、信用评级较高的国有企业，引导其采用永续债降杠杆；对于资产负债率过高、市场资质已经恶化，持续经营已经受到威胁的国有企业，以债转股的方式降杠杆。优先股可配合债转股和并购重组使用，鼓励对上市公司和非上市公众公司实施债转优先股。

5. 除可转债股债认定标准较为明确外，永续债、优先股和债转股中股债认定标准不够明确，且存有差异，在实际操作过程中各方争议较大，建议从制度规范上，统一三类工具的股债认定框架和标准。

从规范文件上看，各类工具都有单独的股债认定标准，但除可转债外，其他三类工具的股债认定标准不够明确，且认定标准不统一，导致实践中法律、会计、审计各方的争议较大。如永续债利率跳升幅度和实际情况的判断主观性较强，公开和非公开发行优先股的股债认定标准不同，债转股中"对赌协议"的股债认定缺乏标准等。据此，本书在同一个理论框架内对这三类工具的股债认定标准进行了统一和明确，在此基础上，针对永续债的周期性特征值，对发行当期的初始认定和每个到期日的重新认定进行了明确。

6. 现阶段，应肯定永续债"利率跳升"机制和债转股"对赌协议"存在的合理性和必要性。

永续债"利率跳升"条款的合理性和必要性。近年来，永续债成为资质较好国有企业降杠杆的重要工具之一。为降低发行成本，永续债发行中设置了较高的利率跳升条款，这种机制安排一方面保护了投资人权益，另一方面可使企业获得较低成本的权益资本。从降杠杆初衷来看，降杠杆就是降低企业还本付息压力，而永续债作为相对成本较低的权益性融资工具，有存在的合理性和必要性。

债转股"对赌协议"存在的合理性和必要性。首先,"对赌协议"有利于弱化信息不对称。股权投资,赌的就是企业的未来,"对赌协议"能够签订,说明双方都看好企业未来的发展前景。若没有"对赌协议"的约束,融资方可能存有较大的道德风险,恐会采用虚假信息骗取投资,不利于市场化债转股的持续发展。其次,因股权投资期限长、风险高,现阶段股权退出渠道也不顺畅,实施机构的动力本来就不足,若没有"对赌协议"作收益保障,市场化债转股降杠杆将会更难推进。最后,对于上市公司、非上市公众公司,建议大力推动债转优先股,避免"对赌协议"的法律和会计争议;对于不具备发行优先股资格的非上市非公众公司,应肯定"对赌协议"对企业的约束作用。

7. 非上市股权交易流通机制不健全,股权退出渠道不顺畅,提高了金融工具定价中的流动性溢价,不利于降低企业财务压力和债转股资金的循环使用,建议从信息披露、定价机制、交易平台建设等方面健全非上市股权流通机制。

除永续债外,可转债、优先股和债转股都涉及股权交易流通问题。目前,非上市股权交易零散分布在各个小的股权交易所,股权流动性较差,不利于非上市企业可转债和优先股的发行,也不利于债转股股权的退出。建议各交易所制定统一的信息披露制度、统一的投资者准入制度,完善非上市股权定价交易机制,培育中立、客观、权威的定价估值机构,建立全国性的集中统一交易平台,提升非上市股权交易活跃度,提高混合权益性金融工具的资本吸引力和降杠杆效率。

表 9-1 混合权益性金融工具综合比较

项目	可转债	永续债	优先股	债转股
降杠杆原理	扩大分母	报表上扩大分母	扩大分母	同时减小分子和扩大分母
存量规模	2862 亿元	18170 亿元	1829 亿元	签约 2.4 万亿元,资金到位 1 万亿元
制度适用主体	1. 上市公司可公开或非公开发行 2. 其他公司可非公开发行	满足发债条件的所有企业	上市公司 非上市公众公司	杠杆率较高、出现暂时性困难、符合国家产业政策的企业
实际适用主体	上市公司 增资、配股受限的企业	金融企业 杠杆率较高、资质好的国有企业	金融企业 实施债转股的企业	杠杆率过高、出现暂时性困难、符合国家产业政策的企业
产品本身优势	1. 发行主体范围广泛 2. 发行门槛低 3. 股性强、交易活跃 4. 发行成本低 5. 市场化程度高	1. 优化报表结构,改善融资资质 2. 和优先股比,融资成本较低 3. 不会稀释股权,经营不受影响	1. 直接股权融资,降杠杆效果较为显著 2. 收益稳、先派息、先索赔	1. 适用主体范围广泛 2. 降杠杆效果显著 3. 完善企业治理结构 4. 实施方式灵活

续表

项目	可转债	永续债	优先股	债转股
产品本身劣势	1. 降杠杆效应滞后 2. 转股后稀释股权 3. 和股票市场存顺周期效应	1. 索偿权比普通债靠后 2. 比普通债融资成本高 3. 不能减轻企业还本付息压力 4. 利息不能税前抵扣	1. 权益小 2. 审批时间长 3. 股息不能税前抵扣	1. 稀释股权，经营受影响 2. 政策性较强
应用中存在问题	1. 私募可转债监管标准不统一 2. 发行场所限制其发展空间	1. 缺少专门针对永续债的规范性文件 2. 市场对发行人资质要求高 3. 会计计量客观性不够 4. 审计争议较大	1. 公开发行门槛过高 2. 不能转为普通股 3. 二级市场不活跃	1. 股权投资风险权重较高 2. 转股后股权退出困难 3. AIC 能实施的债转股规模有限 4. 社会资本参与度较低
政策建议	1. 统一私募可转债监管标准 2. 探索在银行间市场发行可转债 3. 维持股票市场的基本稳定 4. 建立非上市股权集中交易制度（平台）	1. 肯定其改善融资条件的功能 2. 会计新规执行新老划断 3. 进一步完善会计税收制度	1. 发展为"明股实债"的阳光化产品 2. 配合债转股，降低 AIC 风险 3. 降低公开发行和转股门槛 4. 制定债转优先股税收优惠政策	1. 适当降低 AIC 股权风险权益 2. 建立集中股权交易制度（平台） 3. 发挥地方 AMC 的区域优势 4. 破除社会资本参与的制度障碍 5. 研究探索债转股资产证券化 6. 建立综合信息采集平台

◎ **附件 1**

中债商业银行无固定期限资本债券估值方法论

中债金融估值中心有限公司参考国际前沿理论和实践经验,结合我国商业银行无固定期限资本债券的条款特征,提供商业银行无固定期限资本债券估值及相关指标,现就方法论说明如下。

一、基本原理

商业银行无固定期限资本债券(以下简称无固定期限资本债券)一般包含以下条款:发行人赎回条款、无固定期限条款、分阶段调整票面利率条款、减记或转股条款、利息可取消条款、清偿顺序劣后条款等。中债商业银行无固定期限资本债券估值方法对上述各类条款的考虑如下:

1. 赎回条款。该条款意味着发行人有权在特定时点赎回无固定期限资本债券,主动结束该段债权债务关系。二叉树/三叉树/柳树方法因其适应性较强,在国际上被广泛应用于各类期权的估值中。中债商业银行无固定期限资本债券估值方法采用基于 Hull–White 模型的三叉树方法估计赎回条款价值(具体模型可参考中债金融估值中心发布的相关文件)。

2. 无固定期限条款。该条款意味着无固定期限资本债券的存续期与发行人持续经营存续期一致。对无固定期限条款一般有两种处理方式,一是在现金流折现的框架下,采用对贴现因子求解极限值的方法估计无固定期限条款价值;二是考虑到极远端现金流的现值非常小,可以通过敏感性分析,使贴现年数的变动对现金流的影响非常小,来确定合理的贴现年数。实证表明,上述两种方法计算得到的无固定期限现金流的差异非常小。

3. 分阶段调整票面利率条款。该条款意味着无固定期限资本债券的票面利率会在每个基准利率调整日重新确定,因此无固定期限资本债券的未来利息现金流具有不确定性。国际上通常使用市场交易形成的衍生品或者远期利率对基准利率进行预测,具有充分使用市场预期,较为客观的优点。中债商业银行无固定期限资本债券估值方法采用中债远期收益率曲线作为未来基准利率的预测值。

4. 信用因素。中债商业银行无固定期限资本债券估值方法将发行人信用资质、清偿顺序、利息可取消条款和减记条款等纳入信用因素的考虑范围。

5. 流动性因素。中债商业银行无固定期限资本债券估值方法将流通范围、质押便利等因素纳入流动性因素的考虑范围。

二、参数选择

（一）无固定期限现金流的处理

中债商业银行无固定期限资本债券估值方法通过敏感性分析确定了合理的贴现年数，并使用求极限的方法进行了校验。

（二）基准利率的预测

基于收益率曲线理性预期假设，一般认为收益率曲线蕴含的市场预期相对可靠。因此，中债商业银行无固定期限资本债券估值方法利用中债远期收益率预测下一基准利率调整日的基准利率，作为下一基准利率调整日及其以后的基准利率预测值。

（三）信用因素

考虑到无固定期限资本债券与商业银行二级资本债券的次级属性相近，因此中债商业银行无固定期限资本债券估值方法采用中债商业银行二级资本债收益率曲线族系进行估值。无固定期限资本债券具体的中债市场隐含评级将综合考虑市场价格、发行主体资质、评级公司评级以及清偿顺序等方面确定。

三、主要指标说明

1. 估价全价（元）：综合考虑上述各项条款后确定的无固定期限资本债券估值价格。

2. 应计利息（元）：自起息日或上一次付息日后累计应付未付的利息。

3. 估值净价（元）：全价扣除持有期应计利息后的估值价格。

4. 估价收益率（％）：以下一行权日为到期日，估值全价对应的收益率。

附件 2

降低市场化债转股投资风险权重的测算

2018年7月,中国人民银行向5家国有商业银行和12家股份制商业银行实施定向降准0.5个百分点,释放资金5000亿元支持债转股的实施。然而,商业银行运用降准资金进行市场化债转股时仍面临风险权重过高的问题。为进一步激励商业银行使用降准资金实施债转股,本书提出降低风险权重的建议,现就相关风险权重进行测算。

一、测算原理

为降低实体经济融资成本,使得商业银行实施债转股所要求的投资回报率不高于普通贷款利率,人民银行定向降准所节省的资金成本应弥补由于债转股风险权重提升所增加的信用利差。令降准资金的节约成本为 R_b,市场的无风险利率为 R_f,商业银行对企业进行借款的贷款利率为 R_c,商业银行实施债转股投资所要求的投资回报率为 R_s,则

$$R_b \geqslant (R_s - R_f) - (R_c - R_f) \tag{1}$$

又令债转股股权投资的风险权重为 W,根据《商业银行资本充足率管理办法》,商业银行对企业和个人债权的风险权重为100%,则

$$\frac{(R_s - R_f)}{(R_c - R_f)} = \frac{W}{1} \tag{2}$$

根据公式(1)和公式(2),可知

$$W \leqslant \frac{R_b}{R_c - R_f} + 1 \tag{3}$$

二、具体测算

1. R_b 取值

如果商业银行不使用降准资金,则其需要在同业拆借市场借取资金,或者向中央银行申请借款。因此,降准资金所节省的成本就是同业拆借利率或中央银行贷款利率。前者可取 Shibor,后者可取中期借贷便利(MLF)的利率。在测算中,我们选取最近的一年期 Shibor 利率3.12%,以及人民银行公布的最近一期 MLF 利率3.3%。

2. R_c 取值

根据公式（3），商业银行贷款利率 R_c 取值越小，则风险权重 W 可取的值越大。为求取 W 所能达到的最大值（即可取的最高风险权重），我们需将贷款市场报价利率（LPR）作为商业银行贷款利率 R_c 的取值。目前，最近公布的 5 年期 LPR 为 4.8%。

3. R_f 取值

国债是我国财政部发行的主权债务，其代表我国金融市场的无风险利率。考虑到股权投资是长期限投资，所以我们同样使用长期限的国债利率，即最近一期的 10 年期国债收益率 3.17% 代入公式（3）。

三、测算结果

根据公式（3），我们将以上数据代入计算，在采用 Shibor 的情况下，W 最高取值为 291%；在采用 MLF 的情况下，W 最高取值为 302.45%。考虑计算便利性，我们认为，W 取值为 300% 可满足实施机构债转股业务的盈亏平衡需求，取值为 250%，可满足实施机构盈利需求。债转股投资风险权重的降低，一方面，有助于降低商业银行的资本消耗；另一方面，商业银行使用降准资金所节省的成本可以覆盖债转股投资所增加的信用利差，债转股标的企业的融资成本也得以降低。

参考文献

［1］Brennan, M. J. and Schwartz, E. S. Thecase for convertibles ［J］. Journal of Applied Corporate Finance, 1988 (1): 55 - 64.

［2］Brad, M. B. Exchangeable Debt ［J］. Financial Management, 1993 (22): 48 - 60.

［3］David C. Emanuel. Warrant Valuation and Exercise Strategy ［J］. Journal of Financial Economics, 1983, 12 (2): 211 - 235.

［4］Engel, E. M. Erickson and E. Maydew. Debt - equity hybrid securities ［J］. Journal of Accounting Research, 1999, 37 (2): 249 - 274.

［5］Franco Modigliani, Merton H. Miller. The Cost of Capital Corporation Finance and The Theory of Investment ［J］. American Economic Review, 1959, 48 (4): 443 - 453.

［6］Heinkel, Robert, Zechner, Josef. The Role of Debt and Preferred Stock as a Solution to Adverse Investment Incentives ［J］. Journal of Financial & Quantitative Analysis, 1990, 25 (1): 1.

［7］James Routledge, David Gadenne. Financial Distress, Reorganization and Corporate Performance. Accounting and Finance, 2000, 40 (4): 233 - 260.

［8］Jenson, M. C. and W. H. Meckling. Theory of the firm: managerial behavior, agency costs and ownship structure ［J］. Journal of Financial Economics, 1976 (3): 305 - 360.

［9］Lee H. and Johnson D. T. The operating Performance of stock issuers. Applied Financial Economics, 2009. 19 (5): 397 - 407.

［10］Linn S C, Pinegar J M. The Effect of Issuing Preferred Stock on Common and Preferred Stockholder Wealth ［J］. 2006, 22 (1): 155 - 184.

［11］Mateti, Ravi S, Hegde, Shantaram P, Puri, Tribhuvan. Pricing securities with multiple risks: A case of exchangeable debt ［J］. Journal of Banking & Finance, 2013, 37 (3): 1018 - 1028.

［12］Modigliani, F, Miller, M. The Cost of Capital, Corporation Finance and the Theory of Investment. American Economic Review, 1958 (8): 261 - 297.

［13］Myers, C. S. & Majluf, S, N. Corporate financing and investment decision when firms have information that investors do not have ［J］. Social Elecronic Publishing, 1984, 13 (2): 187 - 221.

［14］Narayanan, M. P. Managerial Incentives for Short - Term Results ［J］. Journal of Finance, 1985, 40 (5): 1469.

［15］Rajesh K. Aggarwal, Andrew A. Samwick. Executive Compensation, Strategic Competition, and Relative Performance Evaluation: Theory and Evidence ［J］. Journal of Finance, 1999, 54.

［16］Stein, J. Convertible bonds as backdoor equity financing ［J］. Journal of Financial Economics, 1992 (32): 3 - 21.

[17] Gunasekran, D. Perpetual Bonds [EB/OL]. [2016-01-02]. https://max.book118.com/html/2017/0410/99721864.shtm.

[18] 陈帅. 可交换债券的相关问题探讨 [J]. 吉林金融研究, 2016 (10).

[19] 董奎. 可交换债券的定价分析 [J]. 中国商界 (下半月), 2008 (7).

[20] 冯明. 宏观债务管理的政策框架及其结构性去杠杆 [J]. 改革, 2016 (7).

[21] 冯俏彬. 永续债利弊 [J]. 新理财 (政府理财), 2014 (8).

[22] 方帅. 地产永续债 更像会计游戏 [J]. 中国房地产业, 2014 (3).

[23] 郭树华, 李晓玺, 许又丹. 市场化债转股的特征、难点与破解 [J]. 南方金融, 2017 (11).

[24] 黄靖贵, 杨善朝, 冯霞. 具有动态信用风险的可转债的定价研究 [J]. 数理统计与管理, 2008 (6).

[25] 贺小荣. 最高人民法院民事审判第二庭法官会议纪要——追寻裁判背后的法理 [M]. 北京: 人民法院出版社, 2018.

[26] 纪敏, 严宝玉, 李宏瑾. 杠杆率结构、水平和金融稳定——理论分析框架和中国经验 [J]. 金融研究, 2017 (2).

[27] 李海海, 邓柏冰. 货币政策对上市公司资本结构的影响——基于行业的比较研究 [J]. 中央财经大学学报, 2014 (11).

[28] 李扬, 等. 中国国家资产负债表2013——理论、方法与风险评估 [M]. 北京: 中国社会科学出版社, 2013.

[29] 李扬, 等. 中国国家资产负债表2015——杠杆调整与风险管理 [M]. 北京: 中国社会科学出版社, 2015.

[30] 李宏瑾, 任羽菲, 张铁晴. BIS最新公布的中国非金融企业杠杆率变化原因分析 [J]. 金融与经济, 2019 (3).

[31] 刘春, 孙亮, 刘娥平. 硬约束、可转债发行与大股东行为 [J]. 证券市场导报, 2012 (7).

[32] 刘晓红. 可交换债券定价分析 [D]. 长春: 吉林大学, 2009.

[33] 孟辉, 刘孝红, 张燕. 可转换债券: 股性和债性 [J]. 资本市场, 2002 (7).

[34] 牛慕鸿. 以多维视角审视去杠杆 [J]. 中国金融, 2018 (8).

[35] 潘林. 美国风险投资合同与创业企业治理法律问题研究 [D]. 长春: 吉林大学, 2012.

[36] 谭小芬, 李源, 王可心. 金融结构与非金融企业"去杠杆" [J]. 中国工业经济, 2019 (2).

[37] 文书洋, 刘锡良. 金融资源行业配置与宏观经济风险——基本事实、理论分析和实证证据 [J]. 财经科学, 2018 (8).

[38] 王会敏. 优先股股东权利保护法律制度研究 [D]. 济南: 山东大学, 2017.

[39] 魏晓晓. 可转换债券定价 [D]. 苏州: 苏州大学, 2018.

[40] 王志仁. 永续债发行公司的融资偏好与经济后果研究 [D]. 上海: 东华大学, 2017.

[41] 徐云松. 非金融企业高杠杆率的机制与动因——基于融资结构视角的分析 [J]. 金融理论与教学, 2017 (5).

[42] 杨如彦, 魏刚, 刘孝红. 可转换债券及其绩效评价 [M]. 北京: 中国人民大学出版社, 2002.

［43］叶颖超．可交换债券转股对公司股价影响的研究［D］．杭州：浙江大学，2018．

［44］张斌，何晓贝，邓欢．不一样的杠杆——从国际比较看杠杆上升的现象、原因与影响［J］．金融研究，2018（2）．

［45］中华人民共和国财政部．企业会计准则（合订本）［M］．北京：经济科学出版社，2019．

［46］张明，贺军．中国经济去杠杆化的潜在风险［J］．金融市场研究，2013（5）．

［47］钟宁桦，刘志阔，何嘉鑫，等．我国企业债务的结构性问题［J］．经济研究，2016（7）．

［48］乔高秀，潘席龙．跳扩散模型下考虑不同违约回收率的可转债定价［J］．系统工程，2013（3）．

［49］张雪芳，刘春杰．对可转换债券发行前后公司绩效变动趋势的实证研究［J］．上海金融，2006（7）．

［50］张继强，姬江帆，杨冰．永续债：海外经验及国内前景探讨［J］．债券，2013（11）．

［51］周俊．浅析非金融企业发行永续债券的会计处理［J］．现代商业，2014（6）．

［52］张文魁，李德，纪敏，等．债转股对企业治理结构的影响及其前景分析［J］．管理世界，2001（5）．

［53］李志军．债转股治理效应的问题研究［D］．长沙：湖南大学，2013．

［54］薛贵．市场化债转股是中国经济转型发展的奠基石［J］．银行家，2018（1）．

［55］孙丽，孙玉兰．债转股重启：历史镜鉴、现实问题与对策［J］．南方金融，2016（11）．

［56］周万阜．理性看待和实行债转股［J］．中国金融，2016，830（8）．

［57］丛山．借鉴国外经验发展中国优先股制度的现实意义［D］．上海：复旦大学，2011．

［58］戴蕴乐．优先股引入中国的作用和政策建议［D］．上海：复旦大学，2014．

［59］董文汇．中美优先股制度比较研究［D］．青岛：中国海洋大学，2015．

［60］范利民，张辉锋，谢鸿华．关于我国发行优先股融资的相关探讨［J］．商业研究，2014（2）．

［61］高瑞东．发达国家去杠杆启示［J］．中国金融，2016（10）．

［62］黄志凌，曲和磊，唐圣玉．债转股的国际经验与中国实践应把握的方向（上）［J］．财贸经济，2001（10）．

［63］黄志凌，曲和磊，唐圣玉．债转股的国际经验与中国实践应把握的方向（下）［J］．财贸经济，2001（11）．

［64］黄志凌，曲和磊，唐圣玉．债转股经验的国际视角与中国关注［N］．上海证券报，2016-04-13（第12版）．

［65］李变花．借鉴国际经验，搞好债转股［J］．北京大学学报，2000（S1）．

［66］李超，宫飞．永续债的国际经验及在中国银行业的前景［J］．银行家，2019（4）．

［67］李建国．借鉴国际经验，实施有中国特色的债转股［J］．河南金融管理干部学院学报，2000（1）．

［68］李奇霖．从国际经验看企业降杠杆［J］．金融博览，2016（12）．

［69］李文玲．债转股可借鉴国际经验［J］．经济论坛，2002（2）．

［70］廖小芸．永续债：海外经验借鉴及国内前景展望［J］．全国流通经济，2019（16）．

［71］刘阳．债转股的国际实践、历史经验和现实问题［J］．金融经济，2017（6）．

［72］娄飞鹏．日本去杠杆的做法与启示［J］．福建金融，2018（6）．

［73］陆文希．我国金融去杠杆问题研究［D］．南宁：广西大学，2018．

［74］陆晓明．美国经济去杠杆化的进程、效果、经验教训及对中国的启示［J］．国际金融，2017（2）．

［75］舒超华．美国债转股的主要做法及启示［J］．河北金融，2019（2）．

［76］唐楷．论我国优先股制度的建立与完善［D］．长春：吉林财经大学，2014．

［77］王碧玉．我国优先股和永续债财税处理问题研究［D］．北京：北方工业大学，2018．

［78］王楠．我国永续债会计确认问题研究——基于金融负债和权益工具区分角度分析［D］．杭州：浙江工商大学，2017．

［79］徐晨露．金融去杠杆如何提高经济增长质量——基于SVAR模型的实证研究［D］．安徽财经大学，2019．

［80］杨金河．日本去杠杆的得失［J］．中国金融，2017（17）：82－83．

［81］益言．从国际经验看中国去杠杆［J］．中国金融，2016（7）．

［82］殷剑峰．去杠杆及债转股的作用［J］．中国金融，2016（19）．

［83］张赫男．金融危机后美国经济去杠杆化分析［D］．长春：吉林大学，2015．

［84］张世翔，汪道峰．去杠杆的国际经验镜鉴与启示［J］．银行家，2017（9）．

［85］许宪春．统筹推进"五位一体"总体布局 实施国民经济核算新标准［J］．国家行政学院学报，2017（5）：8－14．

［86］马文超，胡思玥．货币政策、信贷渠道与资本结构［J］．会计研究，2012（11）：39－48．

［87］刘莉亚，刘冲等．僵尸企业与货币政策降杠杆［J］．经济研究，2019（9）：73－89．

［88］杨如彦，孟辉等．可转债的信号发送功能：中国市场的例子［J］．经济学（季刊），2007（1）：207－226．

［89］孟辉，刘孝红等．可转换债券：股性和债性［J］．资本市场，2002（7）：52－57．

［90］何志翀．资本新宠儿 可交换公司债［J］．英才，2016（11）：70－71．

［91］吕品，丘远航．永续债定价分析和风险研判［J］．债券，2019（6）：25－30．

［92］康杰，张琦．完善上市银行优先股制度［J］．中国金融，2019（7）：51－52．

［93］联合信用评级有限责任公司．混合资本工具信用评级方法研究［R］．联合信用评级有限责任公司工作论文．